재미있고 즐겁게 일본어를 하다보면, 회화실력이 쑥쑥!

오모시로이 일본어 2

한국일본어학회 저

머리말

우리는 지금 21세기 글로벌 시대에 살고 있습니다. 이제 지구촌은 하나의 네트워크로 연결되면서 다양한 정보들을 실시간으로 공유하게 되었고, 이러한 시대적 흐름은 우리가 더욱더 외국어 학습에 매진해야 할 당위성을 제공하고 있습니다. 정치, 경제, 사회, 문화 등 모든 분야에서 국경을 뛰어넘는 교류가 일상으로 일어나고 있는 이 세계 속에서 원활한 의사소통은 가장 중요한 교류수단으로 자리 잡게 되었습니다.

이러한 시점에 학회 창립 11주년을 맞이하여 한국일본어학회에서 이번에 발간하는 일본어 초급교재는, 일본어의 대중화라는 의미에서 큰 의의가 있다고 할 수 있습니다. 이 교재는 [일본어학 중요용어 743]발간에 이어 일본어에 대한 보다 체계적이고 효율적인 교육이 이루어지는데 보탬이 될 수 있도록 기획되었습니다.

일본인과의 대화에 있어 가장 중요한 것은 바로 현장에서 사용할 수 있는 회화문이어야 한다는 점입니다. 기존의 많은 일본어 관련 교재들은 그 대부분이 딱딱한 문형과 이를 예로 든 문장에 치우쳐 있었습니다. 그 결과 일본어를 배우기는 했는데 일본인과 만나도 자연스런 대화가 불가능하고, 회화를 위주로 다룬 교재들을 따로 구해서 학습해야 했습니다. 이 교재는 바로 그러한 학습자들의 불편함을 해소시키고자 회화와 문형을 동시에 익히고, 배운 것을 바로 활용할 수 있도록 구성되었습니다.

또한 회화문도 실제 일본인이 사용하는 표현을 있는 그대로 살림으로써 자연스러운 감정 표현을 습득할 수 있도록 하였습니다. 아울러 이 교재만의 특성으로 한국인이 틀리기 쉬운 발음이나 음성을 재미있게 구성함으로써 학습자들이 자연스럽게 일본어와 한국어의 차이에 대해 이해를 할 수 있도록 하였습니다.

일본어 문형은 문법적인 부분과 비문법적인 부분으로 나눌 수 있습니다. 이 교재는 외워서 바로 사용할 수 있는 비문법적인 부분을 중급수준까지 단계적으로 제시하여, 초급문법으로 중급 수준의 커뮤니케이션이 가능하도록 기획된 점에서 다른 교재와 차별을 도모하였습니다. 부디 이 교재가 일본어를 공부하는 많은 분들께 커다란 도움이 될 수 있기를 기대합니다.

이 책의 첫 기획 단계에서는 여러 가지 어려움도 많았지만, 기꺼이 진행해 주신 시사 일본어사 엄호열 회장님과 관계자 분들께 다시 한 번 감사 드립니다.

2011년 8월

집필자 일동

이 책의 특징과 구성

이 책의 특징

1. 이 교재는 일본어를 처음 배우는 학습자를 위해서 시리즈(1, 2)로 제작되었습니다.
2. 이 교재는 실제 대화 장면을 바탕으로 듣기, 말하기, 읽기, 쓰기 능력을 기를 수 있도록 편찬하였습니다.
3. 이 교재는 전체 14과로 휴대전화, 이메일, 영화, 선물, 축제, 국제교류, 선술집, 합숙 등을 소재로 다양한 문형 · 문법, 기능 등을 제시하고 있습니다.
4. 이 교재는 자연스러운 대화문을 우선하여, 실제 대화 장면에서 효과적으로 응용하여 사용할 수 있게 하였습니다.
5. 전체 과를 순서대로 가르치도록 하였으나, 학습자의 필요도에 따라서 학습 내용을 선택하여 가르쳐도 무방합니다.
6. 이 교재는 모든 초급 학습자가 사용할 수 있도록, 다양한 학습자의 니즈를 고려하여 편찬하였습니다.

이 책의 구성

이 책은 13, 14과, 15, 16과, 17, 18과, 19, 20과, 21, 22과, 23,24과, 25,26과가 한 세트로 구성되어 있습니다. 홀수 과에서는 기본적인 문형과 회화를 학습하고, 이를 짝수 과에서 응용하고 연습합니다. 따라서 홀수 과에는 「키워드」와 「문형」, 「기본회화」와 「해설」이 수록되어 있고, 짝수 과에는 「응용회화1」과 「응용회화2」, 「연습문제」가 마련되어 있습니다. 기본적으로는 두 과를 모두 학습할 것을 권장하지만, 학습자의 레벨에 따라 「기본회화」와 「응용회화1」까지 학습해도 연습문제에는 전혀 지장이 없도록 구성하였습니다. 단 「해설」은 「응용회화2」까지 설명을 넣었고, 그 문형이 어디에 나오는지를 따로 표시해 둠으로써 필요한 부분만을 학습 가능하도록 배려하였습니다.

이 과의 키워드

이 과의 키워드 - 각 과에서 포인트가 되는 단어를 미리 살펴봅니다.

문 형

문형 - 그 과의 중요한 학습 문형을 일러스트 형태로 제시하였습니다.

기본회화

기본회화 - 일상생활에 자주 사용되는 회화문을 통해 주요 학습 포인트를 학습합니다.

これだけは！単語
チャレンジ！単語
情報としての単語

단어 - 각 페이지 아래 쪽에 새로 나온 단어를 수록했습니다. 반드시 알아야 할 단어는 나올 때마다 「**これだけは！単語**」에, 조금 어렵지만 도전해 볼만한 단어는 「**チャレンジ！単語**」에, 마지막으로 본문과 관련되어 알아두면 유익한 단어는 「**情報としての単語**」에 나누어 제시 하였습니다.

해설

해설 - 그 과의 학습 문형을 상세한 설명과 다양한 예문을 곁들여 설명하였습니다.

응용회화 1

응용회화 1, 2 - 기본회화를 응용하여 사용할 수 있는 회화문을 제시함으로써 자연스러운 회화문을 반복 연습할 수 있도록 하였습니다.

예문

예문 - 가장 핵심이 되는 문장을 골라 회화 연습을 하고, 이 과에서 배운 내용을 다시 한 번 확인하도록 하였습니다.

문형연습
회화연습
듣기연습

연습문제 - 문형연습, 회화연습, 듣기연습으로 나누어 배운 내용을 반복 확인함으로써 실력향상을 도모할 수 있도록 하였습니다.

음성 (발음)
音声（発音）ワンポイント

음성(발음) - 이 교재만의 특성으로, 한국인 학습자가 틀리기 쉬운 일본어의 음성과 발음을 재미있게 구성하였습니다.

한국과는 달라요!
일본인의 언어행동

일본인의 언어행동 - 자연스러운 일본어 사용을 위해 일본인의 언어행동 문화를 제시하였습니다.

* **부록** - 기본회화, 응용회화와 관련된 중요한 문형이나 자료들을 알기 쉽게 표로 정리하였으며, 듣기연습 정답과 스크립트를 실어 학습에 도움이 되도록 하였습니다.
* **색인** - 이 책에 나오는 새로 나온 단어와 문형을 일본어 오십음도(あいうえお) 순으로 찾기 쉽게 수록하였습니다.

目次(목차)

등장인물

거래처 동료들 ← → 대학 친구들(후배들)

최준수 (25歳)
チェ・ジュンス
会社員

会社員

△△会社 ← 거래처 → ◆◆会社

김민수 (25歳)
キム・ミンス

이순희 (24歳)
イ・スンヒ

스즈키 리카 (26歳)
鈴木(すずき) リカ

사이토 다카시 (24歳)
斉藤(さいとう) たかし

大学生

기무라 쥰이치
(4年生・22歳)
木村(きむら) 順一(じゅんいち)

박유미
(2年生・20歳)
パク・ユミ

배상민
(3年生・21歳)
ペ・サンミン
※Ⅱ권에 등장

다나카 유미
(2年生・20歳)
田中(たなか) 由美(ゆみ)

제 13 과

私(わたし)も　そんなのが好(す)きです。

이 과의 키워드

13, 14과

01

好きです（す）

携帯[電話]（けいたい でんわ）

ケータイ

(お)店（みせ）

買います（か）

営業時間（えいぎょう じかん）

電話（でんわ）

昨日（きのう）

来週（らいしゅう）

始まります（はじ）

문 형

02

1. ケータイの　お店(みせ)で　買(か)いました。

2. キムさん、昨日(きのう)の　講習会(こうしゅうかい)、来(き)ませんでした(ね)。

3. 来週(らいしゅう)は　午前(ごぜん)１０時(じ)に　始(はじ)まります(よ)。

4. 私(わたし)も　そんなのが　好(す)きです。

기본회화

レストランで 레스토랑에서

03

イ：わあ、その　ストラップ、かわいいですね。

鈴木(すずき)：これですか。

イ：私(わたし)も　そんなのが　好(す)きです。どこで　買(か)いましたか。

鈴木(すずき)：ケータイの　お店(みせ)で　買(か)いました。

イ：へえ、いいですね。じゃ、私も　これから　その　お店(みせ)へ　行(い)きます。どこですか。

鈴木(すずき)：新宿(しんじゅく)の　西口(にしぐち)です。

イ：もう　８時半(じはん)ですけど、営業時間(えいぎょうじかん)は　何時(なんじ)までですか。

鈴木(すずき)：うーん、ごめんなさい。分(わ)かりません。ちょっと　電話(でんわ)で　聞(き)きますね。

これだけは！単語　かわいい 귀엽다, 사랑스럽다 | 好(す)きだ 좋아하다 | 買(か)う 사다 | ケータイ 휴대전화
店(みせ) 가게 | 行(い)く 가다 | 半(はん)(8時半(はちじはん)) 반(8시 반) | 電話(でんわ) 전화

チャレンジ！単語　営業時間 영업시간

情報としての単語　ストラップ 스트랩 | 新宿 신주쿠(지명) | 西口 서쪽 출구

해설

1 (동사)ました　~했습니다

과거에 일어난 동작, 행위를 나타내며, 「食べます(먹습니다) ⇒ 食べました(먹었습니다)」와 같이 나타낸다.

a. 昨日、友だちと たこ焼きを 作りました。어제 친구와 타코야끼를 만들었습니다.

b. 1時間前に 田中さんが 来ました。1시간 전에 다나카 씨가 왔습니다.

※ 동사 부정의 과거는「食べません(먹지 않습니다) ⇒ 食べませんでした(먹지 않았습니다/안 먹었습니다.)」와 같이 표현한다.

昨日の 食事会に 鈴木さんは 来ませんでした。
어제 식사모임에 스즈키 씨는 오지 않았습니다.

2 AはBに ~ます　A는 (시간)에 (동작)합니다

A에는 동작을 하는 사람이나 이벤트, 특정시간 등이 온다. 시간B 뒤에「に」가 오는 것에 주의.

a. 田中さんは 3時に 来ました。다나카 씨는 3시에 왔습니다. (사람)

b. 映画は 2時に 終わります。영화는 2시에 끝납니다.(이벤트)

c. 今日は 10時に 起きました。오늘은 10시에 일어났습니다. (특정시간)

3 (Aは) Bが わかりますか　(A은/는) B을/를 압니까?

한국어의 「B를 압니까?」는 일본어에서 「Bが わかりますか」를 사용한다. A에는 질문을 받는 상대방이 오며, 생략하는 경우가 많다.

a. 田中(たなか)さんは この質問(しつもん)の 意味(いみ)が わかりますか。

(다나카 씨에게 질문하는 경우) 다나카 씨는 이 질문의 의미를 아세요?

b. キム先生(せんせい)の ケータイの 番号(ばんごう)が わかりますか。 김 선생님 휴대폰 번호, 아세요?

4 AはBが好きです/AはBが嫌いです A는 B를 좋아합니다/싫어합니다

A에는 말하는 사람이 오고, 좋아하는 대상, 싫어하는 대상(B)은 「~が」로 나타낸다. 한국어에서는 「~을/를」 좋아한다, 싫어한다고 쓰이는 것과는 다르므로 주의.

a. 私(わたし)は 韓国料理(かんこくりょうり)が 好(す)きです。 저는 한국요리를 좋아합니다.

b. 私(わたし)は チキンが 嫌(きら)いです。 저는 닭고기를 싫어합니다.

이와 같이 한국어에서 「~을/를」을 쓰는 데 비해, 「~が」를 쓰는 표현에는 「~**が** 上手(じょうず)です(나 이외의 다른 사람이 ~을 잘 합니다)」 「~**が** 下手(へた)です(~을/를 못합니다)」 「~**が** 得意(とくい)です(내가 ~**을** 잘 합니다」 등이 있다.

a. 田中(たなか)さんは 料理(りょうり)が 上手(じょうず)です。 다나카 씨는 요리를 잘 합니다.

b. 私(わたし)は 歌(うた)が 下手(へた)です。 나는 노래를 잘 못 합니다.

c. 私(わたし)は 英語(えいご)が 得意(とくい)です。 나는 영어를 잘 합니다.

한국과는 달라요!

일본인의 언어행동

Yes, But, If

일본인의 거절 방법의 특징은 「Yes, But, If」라는 삼단논법식의 거절 방법이다. 우선 처음에는 상대방을 배려해서 긍정적인 표현을 사용하고 그 뒤에 솔직하게 부정한다. 그리고 상대에게 상처를 주지 않으려고 가능성을 둔 표현으로 마무리 한다.

일본어에서 자주 쓰는 표현에 "검토해보겠습니다(検討させていただきます), 생각해보겠습니다(考えさせていただきます)"라는 말이 있는데 이런 말을 들으면 외국인들은 일이 성사될지도 모른다고 기대를 하겠지만, 이런 경우 대부분은 「No」인 것이다.

또 함께 가자고 했을 때 상대가 "가고 싶습니다만, 일이 있어서(行きたいんですが、仕事があるので…), 빨리 끝나면 갈께요(早く終わったら、行くわ)"라고 말하면, 이 경우도 대부분 「No」인 것이다.

제 14 과

キムさん、昨日(きのう)の　講習会(こうしゅうかい)、来(き)ませんでしたね。

응용 회화 ❶

電話で
전화에서의 회화

04

木村：キムさん、昨日の　講習会、来ませんでしたね。

キム：ええ、ちょっと…。来週は　行きます。

木村：あっ、来週の　時間ですけど…。

キム：えっ、時間ですか。

木村：来週は　午前１０時に　始まりますよ。

これだけは！単語　昨日 어제 | 来る 오다 | 来週 다음 주 | 時間 시간 | 午前 오전
始まる 시작되다

チャレンジ！単語　講習会 강습회

응용 회화 ❷

メールで 메일 주고받기

05

ペ: 先輩(せんぱい)、今日(きょう)の 合(ごう)コン、場所(ばしょ)は どこですか？

木村(きむら): 渋谷(しぶや)の １０９(いちまるきゅう)だよ。

ペ: ありがとうございます。それから 時間(じかん)は 何時(なんじ)からですか？

木村(きむら): ７時(じ)からだよ。

ペ: サンミンって、スケジュール管理(かんり)が 本当(ほんとう)に 下手(へた)だな。(혼잣말)

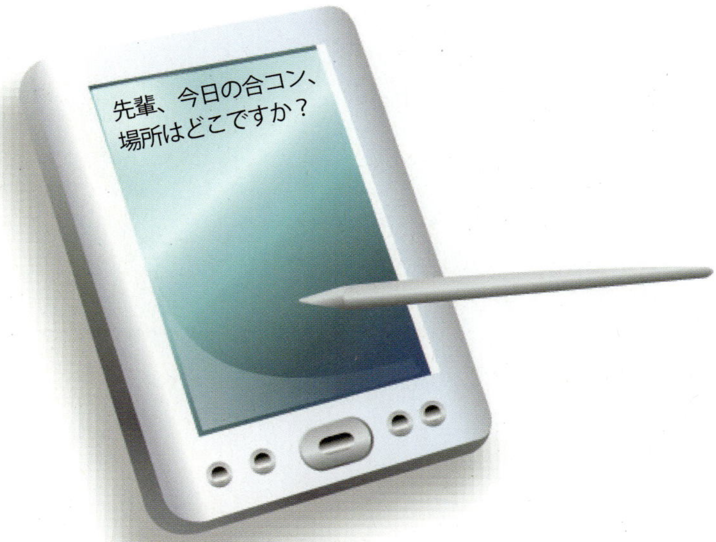

これだけは！単語 先輩(せんぱい) 선배 | 今日(きょう) 오늘 | 場所(ばしょ) 장소 | 下手(へた)だ 서투르다

チャレンジ！単語 スケジュール管理(かんり) 스케줄 관리 | 本当(ほんとう)に 정말로 | ～って ~(이)라고

情報としての単語 合(ごう)コン 단체 미팅 | 渋谷(しぶや) 시부야(지명) | １０９(いちまるきゅう) 시부야에 있는 유명한 패션상가

예문

06

1

どこへ　行(い)きますか。

郵便局(ゆうびんきょく)へ　行(い)きます。

2

どこで　勉強(べんきょう)しますか。

教室(きょうしつ)で　勉強(べんきょう)します。

3

何時(なんじ)に　起(お)きますか。

7時半(じはん)に　起(お)きます。

4

私(わたし)は　中国語(ちゅうごくご)が　分(わ)かります。

わあ、すごいですね。

5

私(わたし)は　日本料理(にほんりょうり)が　好(す)きです。

そうですか。
私(わたし)は　イタリア料理(りょうり)が
好(す)きです。

문형연습

(1~7) 다음을 보기와 같이 바꾸시오.

1 ＿＿＿＿＿は ＿＿＿＿＿が 好き / 嫌いです。

보기 **木村さん / コーヒー / 好きだ** → 木村さんは コーヒーが 好きです。

1) 先生 / 魚 / 嫌いだ →

2) 私 / ジャズ / 好きだ →

3) 弟 / スポーツ / 好きだ →

4) 子供 / 野菜 / 嫌いだ →

2 ＿＿＿＿＿は ＿＿＿＿＿が 上手 / 下手です。

보기 **鈴木 / テニス / 上手だ** → 鈴木さんは テニスが 上手です。

1) 渡辺(わたなべ) / 歌 / 下手だ →

2) パク / 絵 / 上手だ →

3) スミス / スケート / 上手だ →

4) 山下(やました) / 英語 / 下手だ →

- 魚(さかな) 생선
- 嫌(きら)いだ 싫어하다
- ジャズ 재즈
- 弟(おとうと) (자기) 남동생
- 子供(こども) 아이
- 野菜(やさい) 야채
- 歌(うた) 노래
- 絵(え) 그림
- スケート 스케이트
- 英語(えいご) 영어
- 紅茶(こうちゃ) 홍차
- 山(やま) 산
- 海(うみ) 바다
- スキー 스키
- 得意(とくい)だ 잘한다, 자신 있다
- 苦手(にがて)だ 서툴다, 자신 없다
- 肉(にく) 고기

3 ＿＿＿＿は＿＿＿＿が、＿＿＿＿は＿＿＿＿。

보기 **紅茶 / 好きだ / コーヒー / 嫌いだ** → 紅茶は 好きですが、コーヒーは 嫌いです。

1) 山 /好きだ / 海 / 嫌いだ →

2) スケート / 上手だ / スキー / 下手だ →

3) 英語 / 得意だ / 日本語 / 苦手だ →

4) 肉 / 好きだ / 魚 / 嫌いだ →

4 いつ ＿＿＿＿へ / を / が ＿＿＿＿ますか。

보기 **日本 / 帰る / 来月** → いつ 日本へ 帰りますか。/ 来月、帰ります。

1) 免許 / 取る / あした →

2) インタビュー / する / あさって →

3) 北海道 / 行く / 来週 →

4) テスト / 始まる / すぐ →

- 帰る(かえる) 돌아가다
- 来月(らいげつ) 다음 달
- 免許(めんきょ) 면허
- 取る(と) (면허 따위를) 따다
- あした 내일
- インタビュー 인터뷰
- あさって 모레
- 北海道(ほっかいどう) 홋카이도
- 来週(らいしゅう) 다음 주
- テスト 테스트
- 始まる(はじ) 시작되다
- すぐ 곧, 금방

문형연습

5

_______ で _______ を / に _______ ました。

보기 図書館 / 本 / 読む → 図書館で 本を 読みました。

1) ケータイの お店 / ストラップ / 買う →

2) 原宿 / 先生 / 会う →

3) 美容院 / 髪 / カットする →

4) レストラン / てんぷら定食 / 食べる →

6

A: _______ を / に _______ ましたか。

B: はい、_______ ました。/ いいえ、_______ ませんでした。

보기 映画 / 見る

→ 映画を 見ましたか。/ はい、見ました・いいえ、見ませんでした

1) DVD / 借りる →

2) 本 / 返す →

3) お茶 / 飲む →

4) バス / 乗る →

- 買う(か) 사다
- 原宿(はらじゅく) 하라주쿠(지명)
- 会う(あ) 만나다
- 美容院(びよういん) 미용실
- 髪(かみ) 머리
- カットする 컷트하다
- てんぷら定食(ていしょく) 튀김 정식
- 借りる(か) 빌리다
- 返す(かえ) (빌린 것을) 되돌려 주다
- お茶(ちゃ) 차
- 飲む(の) 마시다
- 乗る(の) 타다

7

A:いつ ＿＿＿＿＿＿へ / に / を ＿＿＿＿＿ますか / ましたか。

B:＿＿＿＿＿。＿＿＿＿＿ます / ました。

보기 いつ 会社へ 行きますか。(あした) → あした 行きます。

いつ 日本へ 来ましたか。(先月) → 先月 来ました。

1) いつ 田中(たなか)先生に 会いましたか。(きのう) →

2) いつ お酒を 飲みますか。(今週の 土曜日) →

3) いつ その 映画を 見ましたか。(おととい) →

4) いつ 大学に 入りましたか。(2年前) →

▫ 先月(せんげつ) 지난 달 ▫ 今週(こんしゅう) 이번 주 ▫ 土曜日(どようび) 토요일 ▫ おととい 그저께 ▫ 入(はい)る 들어가다 ▫ 前(まえ) 전, 앞

회화연습

(1~3) 다음을 보기와 같이 바꾸어 연습하세요.

1

보기

A: 木村さんは　魚が　好きですか。

B: いいえ、魚は　あまり　好きじゃ　ありません。
　肉が　好きです。

1) 夏 / 好きだ /冬
2) 牛肉 / 好きだ / 豚肉
3) すし / きらいだ / さしみ
4) お茶 / きらいだ / コーヒー

2

보기1

A: ユミさん、もう　歌舞伎を　見ましたか。

B: 歌舞伎ですか。まだです。

A: 本当に　おもしろいですよ。

보기2

A: ユミさん、もう　歌舞伎を　見ましたか。

B: ええ、昨日　見ました。おもしろいですね。

A: それは　よかったですね。

1) すし / 食べる / おいしい
2) 「嵐(あらし)」の　コンサート/ 行く / すごい
3) ディズニーランド / 行く / 楽しい
4) ジェットコースター / 乗る / 気持ちいい

3 보기

A: 高橋さん、昨日の　講演会、来ませんでしたね。

B: ええ、ちょっと…。来週は　行きます。

A: あっ、来週の　時間ですけど…。

B: えっ、時間ですか？

A: 来週は　午前10時に　始まります。

1) 勉強会 / あした / 午後１時

2) 飲み会 / 土曜日 / 夜７時

3) パーティー / あさって / 午後６時

4) 研究会 / 来月 / 午前９時

- 夏 여름 ▫ 冬 겨울 ▫ 牛肉 소고기 ▫ 豚肉 돼지고기 ▫ もう 벌써, 이미, 이제 ▫ 歌舞伎 가부키
- おもしろい 재미있다 ▫ すし 초밥 ▫ おいしい 맛있다 ▫ 嵐 일본 가수명 ▫ すごい 대단하다
- 楽しい 즐겁다 ▫ ジェットコースター 롤러 코스터 ▫ 気持ち 기분 ▫ 勉強会 스터디 ▫ 午後 오후
- 飲み会 모임 ▫ 夜 저녁 ▫ 研究会 연구회

듣기연습

07

1 다음 대화를 잘 듣고 맞는 내용에 V를 하세요.

보기

V 六本木(ろっぽんぎ)ヒルズ　② 東京(とうきょう)タワー　③ ディズニーランド

1) ① 水泳　② 夜景　③ 買い物

2) ① 友達と　二人で　② 家族と　三人で　③ 一人で

3) ① ステーキ　② 食べない　③ うどん

4) ① 葉書と　ボールペン　② ノートと　シャーペン　③ 葉書と　シャーペン

2 다음 내용을 잘 듣고 무엇을 했는지 그 순서를 (　) 안에 번호로 넣으세요.

보기

遊園地	ジェットコースター	写真
(1)	(2)	(3)

1)

宿題	夕食	帰宅
(　　)	(　　)	(　　)

2)

お酒を飲む	友達に会う	新宿へ行く
(　　)	(　　)	(　　)

3)

掃除	メール	勉強
(　　　)	(　　　)	(　　　)

3 **다음은 한국인과 일본인을 상대로 한 앙케이트 조사입니다. 각 나라 사람들은 무엇을 좋아하는지 맞는 것에 ◯ 하세요.**

	韓国人		日本人	
보기 食べ物	肉 ◯	魚	肉	魚 ◯
飲み物	ワイン	ビール	ワイン	ビール
スポーツ	野球	サッカー	野球	サッカー
朝ごはん	ご飯	パン	ご飯	パン
デザート	紅茶	コーヒー	紅茶	コーヒー

- 六本木(ろっぽんぎ)ヒルズ 롯본기 힐즈
- 東京(とうきょう)タワー 도쿄 타워
- 水泳(すいえい) 수영
- 夜景(やけい) 야경
- 買(か)い物(もの) 쇼핑
- 家族(かぞく) 가족
- 展望台(てんぼうだい) 전망대
- 葉書(はがき) 엽서
- 遊園地(ゆうえんち) 유원지
- 写真(しゃしん) 사진
- まず 우선
- 新宿(しんじゅく) 신주쿠(지명)
- それから 그리고 나서
- 宿題(しゅくだい) 숙제
- 夕食(ゆうしょく) 저녁 식사
- 帰宅(きたく) 귀가
- 居酒屋(いざかや) 선술집
- 掃除(そうじ) 청소
- 勉強(べんきょう) 공부
- 調査(ちょうさ) 조사
- 結果(けっか) 결과
- 発表(はっぴょう) 발표
- 飲(の)み物(もの) 음료수
- サッカー 축구
- 野球(やきゅう) 야구
- 日常生活(にちじょうせいかつ) 일상생활

한국과는 달라요!

일본인의 언어행동

〈감사의 마음〉을 인사처럼……

우리는 누군가에게 식사를 대접받으면 그 장소에서 "감사했습니다.(ありがとうございました)"나, "잘 먹었습니다.(ごちそうさまでした)"와 같은 인사로 감사의 마음을 전달한다.

그러나 일본에서는 다음날 그 사람과 마주쳤을 때 재차 감사의 인사를 한다. 이것이 "어제는 감사했습니다.(昨日は　どうも　ありがとうございました)"이다. 호의를 받은 장소에서 한번, 다음 날에 한번 더 감사의 인사를 하는 것이다.

만일 그 다음 날이 아니라 몇 일 지나서 마주쳤을 때는 "지난번엔 정말 감사했습니다.(先日は　どうも　ありがとうございました)"라고 감사의 인사를 전한다. 보다 좋은 인간관계를 유지하기 위해 하나의 인사로 기억해 두자.

【그 자리에서】	どうも　ありがとうございました
【다음 날】	昨日(きのう)は　どうも　ありがとうございました
【며칠 후】	先日(せんじつ)は　どうも　ありがとうございました

제15과

ラーメンが　一番（いちばん）
おいしかったです。

이 과의 키워드

15, 16과

08

食(た)べ物(もの)

お土産(みやげ)

のり

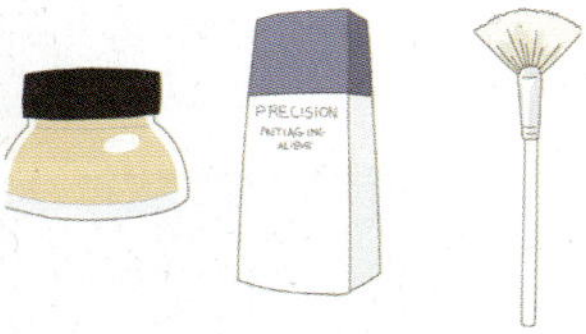

化粧品(けしょうひん)

安(やす)いです

軽(かる)いです

浴衣(ゆかた)

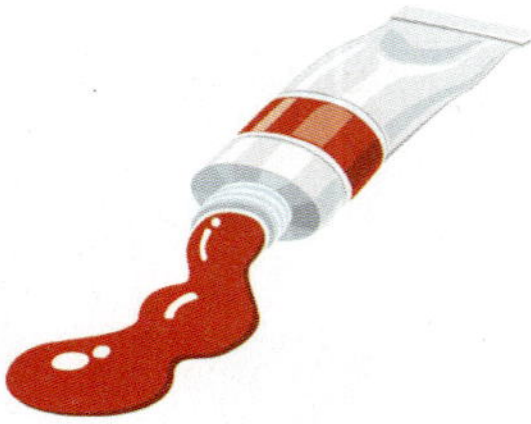

赤(あか)いです

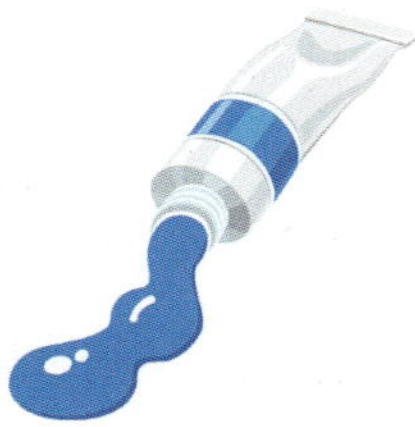

青(あお)いです

문형

09

1 食べ物が　おいしかったです。

2 雨でした。

3 のりの　ほうが　安いです(よ)。

4 化粧品より　いいですか。

5 ラーメンが　一番　おいしかったです。

기본회화

カフェで
카페에서

🔊 10

店員(てんいん)： いらっしゃいませ。

キム： あっ、斉藤(さいとう)さん、こっち、こっち！

斉藤(さいとう)： こんにちは、キムさん。お久(ひさ)しぶりです。北海道(ほっかいどう)は　どうでしたか。

キム： うーん、雨(あめ)でした。でも、とても　よかったですよ。特(とく)に食(た)べ物(もの)が　おいしかったです。

斉藤(さいとう)： そうですか。じゃ、よかったですね。何(なに)が　一番(いちばん)　おいしかったですか。

キム： そうですね、ラーメンが　一番(いちばん)　おいしかったです。あっ、これ、お土産(みやげ)です。

斉藤(さいとう)： えっ、何(なん)ですか。

キム： 斉藤(さいとう)さん、チョコレートクッキーと　生(なま)キャラメルと　どちらが　いいですか。

斉藤(さいとう)： うーん、じゃ、私(わたし)は… 生(なま)キャラメルの　ほうが　いいです。いいですか。

キム： はい、どうぞ。

斉藤(さいとう)： ありがとうございます。本当(ほんとう)は　どちらも　好(す)きですけど…。

キム： じゃ、これも　どうぞ。

斉藤(さいとう)： ええっ！本当(ほんとう)ですか。ありがとうございます。いただきます。

これだけは！単語　こっち 이쪽, 여기 | 久(ひさ)しぶり 오래간만 | 雨(あめ) 비 | でも 그래도, 하지만 | 食(た)べ物(もの) 음식, 먹을거리 | おいしい 맛있다 | 一番(いちばん) 가장 | ラーメン 라면 | お土産(みやげ) 선물 | チョコレート 초콜릿 | どちら 어느 쪽, 어디 | ほう ~쪽 | いい 좋다 | どうぞ 부디 | ありがとうございます 감사합니다 | 本当(ほんとう) 정말 | 好(す)きだ 좋아하다 | ~けど ~이지만, ~하지만

チャレンジ！単語　いただく 받다, 마시다, 먹다(겸양표현)

情報としての単語　クッキー 쿠키 | 生(なま)キャラメル 생캐러멜

해설

1 イ형용사의 과거(형)표현

イ형용사의 과거형은 형용사의「(高)い」부분을「(高)かった」로 바꾼다. 즉,「おいしい」의 과거형은「おいしかった」,「(安)い」의 과거형은「(安)かった」가 된다. 단, 유일한 예외로「いい」의 과거형은「よかった」이다.

a. 昨日の おすしは おいしかったです。 어제 먹은 초밥은 맛있었습니다.
b. 昨日、学校は 寒かったです。 어제, 학교는 추웠습니다.
c. この間の 旅行は よかったです。 지난 번 여행은 좋았습니다.

2 ナ형용사의 과거(형)표현

ナ형용사의 과거형은「(にぎやか)です」부분을「(にぎやか)でした」로 바꾼다.

a. 昔は、この 公園も 静かでした。 옛날에는 이 공원도 조용했습니다.
b. 子供の ころは 栗が 好きでした。 어렸을 적에는 밤을 좋아했습니다.

3 「Nでした」 명사문의 과거(형)

「今日は 雨です」와 같은 명사문의 과거형은「昨日は 雨でした」와 같이 바꾼다.

a. (그는 올해 대학을 졸업했습니다) 去年まで 彼は 学生でした。 작년까지 그는 학생이었습니다.
b. 昨日は 学園祭でした。 어제는 대학 축제였습니다.

4 AとBと どちらがCですか

A와 B 중에 어느 것이 C입니까?/A하고 B하고 어느 것이 C입니까?

두 가지를 비교하는 질문을 할 때 쓴다. A와 B에는 비교하는 대상, C에는 비교내용을 나타내는 イ형용사, ナ형용사가 온다.

a. サッカーと 野球(やきゅう)と どちらが 好(す)きですか。 축구와 야구 중에 어느 것을 좋아합니까?

b. バスと 地下鉄(ちかてつ)と どちらが はやいですか。 버스와 지하철 중에 어느 것이 빠릅니까?

5 「~で いちばん~」 ~중에서 가장 ~

셋 이상을 비교할 때 쓰는 표현이다. 셋을 비교할 때는 (a)와 같이「AとBとCの中(なか)で どれがいちばん ~ですか」를 쓴다. 또한,「스포츠」나「과일」「계절」등과 같은 카테고리 안에서 선택하는 경우에는 (b) (c)와 같이「(카테고리)の中(なか)で、何(なに)が いちばん ~ですか」와 같이 쓴다.

a. サッカーと 野球(やきゅう)と バスケットボールの 中(なか)で どれが いちばん 好(す)きですか。

축구와 야구, 농구 중에서 어느 것을 가장 좋아합니까?

b. スポーツの 中(なか)で 何(なに)が いちばん 得意(とくい)ですか。 스포츠 중에서 무엇을 가장 잘 합니까?

c. 果物(くだもの)の 中(なか)で 何(なに)が いちばん おいしいですか。 과일 중에서 무엇이 가장 맛있습니까?

해설

6 「Aの方が Bです」 A쪽이 더 B입니다/ A쪽이 더 B합니다

B에는 イ형용사, ナ형용사가 온다. 둘을 비교하는 질문에 대한 답변으로 (a)와 같이 「Aの方(ほう)が Bです」라고 한다. 셋 이상을 비교하여 질문했을 때의 대답은 (b), (c)와 같이 「Aが いちばん Bです」라고 한다.

a. サッカーと 野球(やきゅう)と どちらが 好(す)きですか。

→野球(やきゅう)の 方(ほう)が 好(す)きです。 야구를 더 좋아합니다.

b. サッカーと 野球(やきゅう)と バスケットボールの 中(なか)でどれが いちばん おもしろいですか。

→サッカーが いちばん おもしろいです。 축구가 가장 재미있습니다.

c. スポーツの 中(なか)で 何(なに)が いちばん 得意(とくい)ですか。

→バレーボールが いちばん 得意(とくい)です。 배구를 가장 잘 합니다.

7 「Aは Bより Cです」 A는 B보다 C합니다／A는 B보다 C입니다 (응용회화 1)

두 가지의 성질, 상태 등을 비교하여 A가 B보다 C의 성질이 강함을 나타낸다. C에는 イ형용사, ナ형용사가 온다.

a. 沖縄(おきなわ)は 東京(とうきょう)より 暑(あつ)いです。 오키나와는 도쿄보다 덥습니다.

b. 田中(たなか)さんの 部屋(へや)は 私(わたし)の 部屋(へや)より きれいです。 다나카 씨의 방은 내 방보다 깨끗합니다.

길에서 친구를 만나서

타인 たにん : 담임 たんにん

きのう、なにした？

きのうは、たにん（他人）の先生に会ったけど…

ええ？たにん（他人）って？

ああ、たにんじゃなくて、たんにん（担任）の先生だね。

1. 어제 뭐했어?
2. 어제는 타인(たにん) 선생님 만났어.
3. 뭐 타인 이라구?
4. 아니 타인이 아니라 담임선생님 만났다구.

音声（発音）ワンポイント

일본어 발음중의 하나인 발음(撥音 : はねる音)은「ん」으로 표기된다. 이 발음은 1박의 길이로 가나 한 문자로 발음해야 한다.

그러나 한국인들은 한국어의 받침처럼 짧게 발음하는 경향이 있다. 예를 들면 신문(新聞)은 한국어로는 2박으로 발음하지만 일본어로는「しんぶん」으로 4박으로 발음한다.

제16과

この　赤(あか)い　浴衣(ゆかた)の ほうが かわいいですね。

응용 회화 1

ソウルの チェさんの 家で
서울에 있는 최준수의 집에서

11

木村：もう お土産は 買いましたか。

チェ：いいえ、これから 行きます。何が いいですか。

木村：のりが 一番 いいですよ。日本人も 大好きですから。

チェ：そうですね。のりか… 化粧品より いいですか。

木村：はい。のりの ほうが 安いですよ。それに、軽いです。

チェ：そうですね。じゃ、のりを 買います。

これだけは！単語 もう 이미, 벌써 | 買う 사다 | 行く 가다 | 日本人 일본인 | 大好きだ 아주 좋아하다
より ~보다 | 安い 싸다 | それに 게다가 | 軽い 가볍다

チャレンジ！単語 化粧品 화장품 | のり 김 | ~から ~(이)니까, ~(이)므로

응용 회화 ❷

東京(とうきょう)の　デパートで

도쿄(東京)의 백화점에서

12

チェ： 田中(たなか)さん、これ　見(み)て　ください。かわいいですね。

田中(たなか)： ああ、浴衣(ゆかた)ですね。本当(ほんとう)　かわいいですね。あっ、けっこう　安(やす)い。

チェ： ええ。この　青(あお)いのと　赤(あか)いのと　どちらが　いいですか。

田中(たなか)： そうですね…、この　赤(あか)い　浴衣(ゆかた)の　ほうが　かわいいですね。

チェ： そうですね。すみません、これ、ください。

田中(たなか)： チェさん、いい　お土産(みやげ)を　買(か)いましたね。

これだけは！単語　見(み)る 보다 | かわいい 귀엽다, 사랑스럽다 | けっこう 꽤, 제법 | 青(あお)い 푸르다, 파랗다 | 赤(あか)い 붉다, 빨갛다 | (～を)ください (~을/를) 주십시오

チャレンジ！単語　浴衣(ゆかた) 유카타 (여름에 입는 간단한 기모노)

예문

13

1

田中さんは　元気でしたか。

いいえ、あまり　元気じゃ
ありませんでした。

2

テストは　どうでしたか。

全然　難しく　なかったです。

3

ラーメンと　うどんと　どちらが
好きですか。

私は　ラーメンの　ほうが
好きです。

4

ソウルは　東京(とうきょう)より　寒(さむ)いですか。

はい、ずいぶん　寒(さむ)いですよ。

5

日本(にほん)で　何(なに)が　一番(いちばん)よかったですか。

そうですね、温泉(おんせん)が　一番(いちばん)よかったです。

문형연습

1 **다음을 보기와 같이 바꾸시오.**

__________ は __________ でした。

보기 1 **北海道 / 雨** → 北海道は　雨でした。

1) デパート / 休み →

2) 田中さん / 野球選手 →

3) きのう / いい　天気 →

4) 彼女 / 先生 →

A: ________________ は　どうでしたか。

B: とても / あまり ________________ 。

보기 2 **映画 / おもしろい** → 映画は　どうでしたか。

… とても　おもしろかったです。

… あまり　おもしろく　なかったです。

1) 旅行 / 楽しい →

2) 料理 / おいしい →

3) コンサート / いい →

4) 北海道 / 寒い →

A: ＿＿＿＿＿＿は ＿＿＿＿＿＿でしたか。

B: はい、＿＿＿＿でした。/ いいえ、＿＿＿じゃ　ありませんでした。

보기 3 **パーティー / にぎやかだ　→**

パーティーは　にぎやかでしたか。

… はい、にぎやかでした。

… いいえ、にぎやかじゃ　ありませんでした。

1) きのう / ひまだ　→

2) 京都 / 静かだ　→

3) 日本人 / 親切だ　→

4) 先生 / 元気だ　→

- 雨 비　- デパート 백화점　- 休み 휴일　- 選手 선수　- 天気 날씨　- 彼女 그녀　- 旅行 여행
- 料理 요리　- コンサート 콘서트　- にぎやかだ 번화하다　- ひまだ 한가하다　- 京都 지명
- 親切だ 친절하다　- 元気だ 건강하다

문형연습

2 다음 그림을 보고 질문에 답하세요.

A: ＿＿＿＿＿＿と　＿＿＿＿＿＿と　どちらが　（　　）ですか。

B: ＿＿＿＿＿＿＿＿＿＿＿＿＿＿＿＿＿＿。

보기 電車と　バスと　どちらが　速いですか。

… (バスより)　電車の　ほうが　速いです。

1)

2)

3)

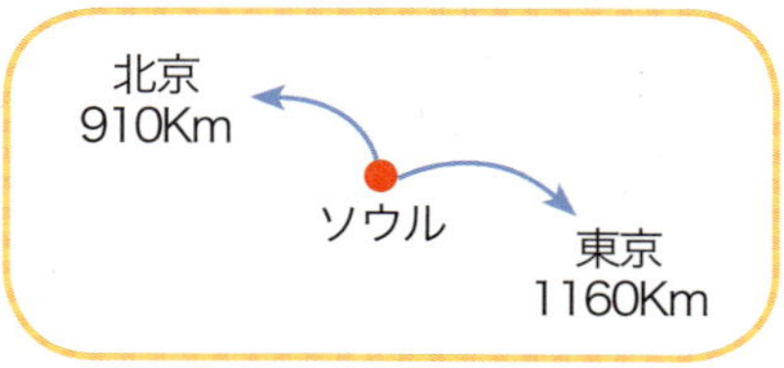

4)

▫ 電車(でんしゃ) 전철　▫ 速(はや)い 빠르다　▫ りんご 사과　▫ 得意(とくい)だ 잘 하다, 자신 있다　▫ 1年(ねん) 1년　▫ 8月(がつ) 8월
▫ クラス 반, 클래스　▫ 背(せ)が　高(たか)い 키가 크다　▫ 納豆(なっとう) 낫또(일본 음식)

3 **다음 질문에 보기와 같이 답하세요.**

A: ＿＿＿＿＿の　中で　＿＿＿＿＿が　一番　＿＿＿＿＿ですか。

B: ＿＿＿＿＿＿＿が　一番　＿＿＿＿＿＿＿。

보기 **食べ物 / 好きだ / うどん** → 食べ物の　中で　何が　一番　好きですか。

… うどんが　一番　好きです。

1) スポーツ / 得意だ / サッカー →

2) 1年 / 暑い / 8月 →

3) クラス /背が　高い / スミス →

4) 日本料理 / きらいだ / 納豆 →

회화연습

1

보기

A : チョコレートクッキーと　生キャラメルと　どちらが
いいですか。

B : じゃ　私は　生キャラメルの　ほうが　いいです。いいですか。

A : はい、どうぞ。

B : ありがとうございます。

1) うどん・カレー
2) ワイン・ビール
3) りんご・みかん
4) パン・ケーキ

2 짝과 같이 아래의 표를 보고 보기와 같이 연습해 보세요.

보기

A : 昨日　はじめて　すしを　食べました。

B : そうですか。　どうでしたか。

대화1

A : とても　おいしかったです。

B : よかったですね。

대화2

A : あまり　おいしく　なかったです。

B : そうですか。

1) 

2) 

3) 

4) 

□ ワイン 와인　□ みかん 귤　□ ケーキ 케이크　□ ホラー映画 공포 영화　□ 新幹線 신칸센

듣기연습

🔊 14

1 **다음 대화를 잘 듣고 맞는 내용에 V를 하세요.**

보기

① サッカー (V)　② 水泳　③ テニス

1) ① 飛行機　② バス　③ 電車

2) ① 北京(ペキン)　② 東京　③ 台北(タイペイ)

3) ① りんご　② みかん　③ バナナ

4) ① 英語　② 日本語　③ 中国語

2 **다음 대화를 듣고 (　　　) 안에 알맞은 문장을 써 넣으세요.**

보기

A: きのうの　天気は　どうでしたか。

B: とても（よかったです）。

1) A: 旅行は　楽しかったですか。

B: いいえ、あまり　(　　　　　　　　　　　　)。

2) A: 東京は　きれいでしたか。

B: いいえ、あまり　(　　　　　　　　　　　　)。

3) A: 交通は　便利でしたか。

B: はい、とても　(　　　　　　　)が　(　　　　　　　)。

4) A: 食べ物は　どうでしたか。

B: とても　(　　　　　　　　　　　　)。

3 다음 대화를 잘 듣고 내용이 맞으면 (　　　　　)안에 ◯를, 틀리면 X를 하세요.

보기

(X)

1) (　　　　　)

2) (　　　　　)

3) (　　　　　)

4) (　　　　　)

5) (　　　　　)

□ 飛行機(ひこうき) 비행기　□ 北京(ペキン) 북경　□ 台北(タイペイ) 타이페이　□ バナナ 바나나　□ きれいだ 깨끗하다
□ 交通(こうつう) 교통　□ 便利(べんり)だ 편리하다　□ 夏休(なつやす)み 여름방학　□ かかる 걸리다　□ 毎日(まいにち) 매일　□ 晴(は)れ 맑음
□ 海産物(かいさんぶつ) 해산물　□ 有名(ゆうめい)だ 유명하다　□ えび 새우　□ かに 게　□ 本当(ほんとう)に 정말로

한국과는 달라요!

일본인의 언어행동

지금은 좀…

상대방을 배려하는 문화는 일본문화의 특징으로, 언어에도 잘 반영되어 있다. 일본인의 완곡 어법은 그 난해함이 세계 최고 수준이다. 일본에서 나고 자란 사람이 아니라면 완곡한 대화를 100% 이해하지 못한다.

예를 들면 의뢰나 권유를 부드럽게 거절하고 싶을 때는 싫다는 말을 단정적으로 하지 않고 생략한다. 상대방을 배려하여 직접적인 거절표현을 피하고, "지금은 좀….(今は　ちょっと、…。)"이라는 말끝을 흐리는 표현을 선호한다.

제17과

ぜひ　いっしょに 行(い)きましょう。

이 과의 키워드

17, 18과

15

映画（えいが）

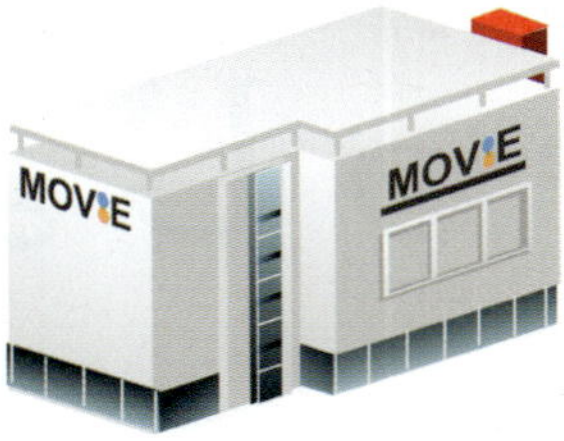

映画館（えいがかん）

コンサート

いっしょ

チケット

大丈夫（だいじょうぶ）です

もらいます

あげます

料理（りょうり）

문형

16

1. 田中(たなか)さんも　いっしょに　行(い)きませんか。

2. ぜひ　いっしょに　行(い)きましょう。

3. 今度(こんど)、　韓国料理(かんこくりょうり)を　食(た)べに　行(い)きませんか。

4. コンサートの　チケットを
もらいましたから。

기본회화

映画館（えいがかん）の　出口（でぐち）で
영화관 출구에서

17

田中（たなか）： ああ、面白（おもしろ）かった。韓国映画（かんこくえいが）、なかなか　面白（おもしろ）いですね。

パク： そうでしょう。それに、主役（しゅやく）の　イ・ハナ、すごく　かわいかったですね。

田中（たなか）： ええ。演技（えんぎ）が　とても　上手（じょうず）でしたね。

パク： 今度（こんど）、イ・ハナに　会（あ）いに　行（い）きます。
田中（たなか）さんも　いっしょに　行（い）きませんか。

田中（たなか）： えっ。会（あ）いに？

パク： 実（じつ）は、これ、イ・ハナの　コンサート（티켓을 보여 주면서）。
来月（らいげつ）です。ぜひ　いっしょに　行（い）きましょう。

田中（たなか）： チケットは　どうしますか。

パク： 大丈夫（だいじょうぶ）ですよ。友（とも）だちに　もらいましたから。

これだけは！単語

映画（えいが） 영화 | なかなか 꽤, 상당히 | 面白（おもしろ）い 재미있다 | それに 게다가
かわいい 귀엽다, 사랑스럽다 | とても 매우, 대단히 | 上手（じょうず）だ 잘하다, 능숙하다 | 会（あ）う 만나다
いっしょに 함께 | コンサート 콘서트 | 来月（らいげつ） 다음 달 | ぜひ 꼭, 반드시 | 大丈夫（だいじょうぶ）だ 괜찮다
友（とも）だち 친구 | もらう 받다, 얻다

チャレンジ！単語 実は 실은, 사실은 | すごく 대단히, 무척 | なんか 뭔가 | ～から/に ~으로(부터)/ ~에게
～から ~(이)니까, ~(이)므로

情報としての単語 主役 주역 | 演技 연기 | チケット 티켓

해설

1 「～ませんか」 ~하지 않을래요? 「～ましょう」 ~합시다

「～ませんか」와「～ましょう」는 둘 다 권유하는 표현이나, 일반적으로「～ませんか」쪽이 더 자연스러운 권유표현으로 다양한 장면에서 자주 쓰인다.

a. いっしょに行きませんか。 같이 가지 않을래요. (같이 안 갈래요?)

b. いっしょに食べましょう。 함께 먹어요. 같이 먹죠.

2 「A(장소)へ Bを Cに 行きます」 A(장소)에 B를 C하러 갑니다

C에는 동사의 ます형이 온다. ます형은 (표에서 나타내듯이) ます앞에 오는 동사의 형태이다. (『おもしろい日本語1』 167p 참조)

ます형이 뭐야?

「食べます」에서「ます」앞에 오는「食べ」가 ます형이야.

⬇

読み(ます)　買い(ます)　見(ます)　食べ(ます)　勉強し(ます)

a. デパートへ カバンを 買いに 行きます。 백화점에 가방을 사러 갑니다.

b. 鍾路へ 映画を 見に 行きます。 종로에 영화를 보러 갑니다.

※「勉強する」「食事する」「買い物する」「散歩する」와 같이 한자어가「する」에 접속한 형태도 3그룹동사에 포함된다. 이 경우, 「散歩に 行きませんか」와 같이「한자어+散歩に 行きませんか」로 쓰일 수도 있다.

3 「A(사람)に B(물건)を あげます」 A에게 B를 줍니다 (응용회화 2)

말하는 사람인 내가 A에게 무언가를 줄 경우에 사용한다. 받는 사람인 A 뒤에 「に」가 오는 것에 주의. (b)와 같이 주는 사람이 내가 아닐 경우, 「~は/が」와 같이 표시한다.

a. 友(とも)だちに プレゼントを あげました。(나는) 친구에게 선물을 주었습니다.

b. 田中(たなか)さんは 鈴木(すずき)さんに CDを あげました。다나카 씨는 스즈키씨에게 CD을 주었습니다.

※ 한국어의 '줍니다'에 해당하는 일본어에는 「あげます」와 「くれます」가 있다. 기본적으로 「あげます」는 나, 즉 말하는 사람이 남에게 무언가를 줄 때 사용하고, 「くれます」는 남이 나(=말하는 사람)에게 무언가를 줄 때 사용한다.

a. 田中(たなか)さんが 時計(とけい)を くれました。다나카 씨가 (나에게) 시계를 주었습니다.

또한, 「くれます」는 가족이나 친구, 동료와 같이 나와 가까운 관계에 있는 사람이 받는 사람으로 올 수도 있으며, 받는 사람 뒤에는 「に」가 온다.

b. 田中(たなか)さんが 妹(いもうと)に プレゼントを くれました。다나카 씨가 내 여동생에게 선물을 주었습니다.

4 「A(사람)に/から B(물건)を もらいます」 A에게 B를 받습니다

말하는 사람인 내가 A에게 무언가를 받는 경우에 사용한다. 주는 사람인 A 뒤에는 「に」 또는 「から」가 쓰인다. (b)와 같이 받는 사람이 내가 아닐 경우, 「~は/が」와 같이 표시한다.

a. 田中(たなか)さんから おもしろい 本(ほん)を もらいました。(나는) 다나카 씨에게 재미있는 책을 받았습니다.

b. 田中(たなか)さんは キム先生(せんせい)に キムチを もらいました。다나카 씨는 김선생님께 김치를 받았습니다.

일본친구와 도서관 앞에서

크사나기 츠요시 クサナギツヨシ : 크사나키 츠요시 クサナキツヨシ

あのね、「SMAP」の　クサナキツヨシって　知ってるでしょう？

ううん、知らない。

「SMAP」の　クサナキツヨシって　知らないの？
じゃ、 초난강は　知ってる？

ああ、クサナギツヨシね。
もちろん　知ってるよ。

1. 크사나기 츠요시 알지요?
2. 아니, 몰라.
3. 「SMAP」의 크사나기 츠요시 몰라?
   그럼 초난강은 알아?
4. 아 크사나키 츠요시. 물론 알지.

音声（発音）ワンポイント

일본어 발음에서 성대가 진동하는 것을 유성음(탁음: ぎ、だ)이라 하고 성대가 진동하지 않는 것을 무성음(청음: き、た)라고 한다. 일본어에서는 유성음이냐 무성음이냐에 따라 의미가 달라지기 때문에 발음할 때 주의해야한다.

제18과

今度、韓国料理を食べに　行きませんか。

응용 회화 1 街角(まちかど)で 길거리에서

18

パク： 今度(こんど)、韓国料理(かんこくりょうり)を　食(た)べに　行(い)きませんか。

田中(たなか)： うーん、辛(から)い　ものは　ちょっと…。

パク： 大丈夫(だいじょうぶ)ですよ。例(たと)えば、サムゲタン、カムジャタン、
テジ・カルビなんかは　辛(から)くないですよ。

田中(たなか)： そうですね…。

パク： ぜひ　行(い)きましょうよ。私(わたし)の　おごりですから。

これだけは！単語　辛(から)い 맵다 ｜ もの 물건, 것 ｜ ちょっと 잠깐, 조금 ｜ 食(た)べ物(もの) 음식, 먹을거리
たくさん 많은, 많이 ｜ 例(たと)えば 예를 들면

チャレンジ！単語　なんか 뭔가 ｜ おごり 한턱 냄

情報としての単語　サムゲタン 삼계탕 ｜ カムジャタン 감자탕 ｜ テジ・カルビ 돼지갈비

응용 회화 ❷

喫茶店(きっさてん)で
찻집에서

19

パク: 吉田(よしだ)さん、これ、つまらない　ものですが。

吉田(よしだ): えっ、何(なん)ですか。

パク: 先日(せんじつ)の　お礼(れい)です。コンサートの　チケットを　もらいましたから。

吉田(よしだ): えー、悪(わる)いですね。

パク: いいえ、とても　楽(たの)しかったですよ。

吉田(よしだ): じゃ、チケット、また　あげますよ。よく　もらいますから。

これだけは！単語　(お)礼(れい) 사례 | 悪(わる)い 미안하다 | とても 매우, 대단히 | 楽(たの)しい 즐겁다 | また 또, 다시 | あげる 주다 | よく 잘, 자주

チャレンジ！単語　つまらないものですが 변변치 않습니다만 | 先日(せんじつ) 지난 번

예문

20

1

こんにちは。お出かけですか。

ええ、図書館へ　本を　返しに
行きます。

2

来週、韓国料理を　食べに
行きませんか。

ええ、いいですね。ぜひ
行きましょう。

3

明日から　テストですね。

ええ、テスト勉強、
がんばりましょう。

4

明日(あした)は　中村(なかむら)さんの　誕生日(たんじょうび)ですね。

ええ、中村(なかむら)さんに　かわいいプレゼントを　あげましょう。

5

その　鉛筆(えんぴつ)、かわいいですね。

ええ、先週(せんしゅう)、佐藤(さとう)さんにもらいました。

문형연습

(1~7) 다음을 보기와 같이 바꾸시오.

1 ＿＿＿＿＿＿ませんか。

보기 **コーヒー / 飲む** → コーヒーを　飲みませんか。

1) ビデオ / 見る　→

2) 昼ごはん / 食べる　→

3) テニス / する　→

4) タクシー / 乗る　→

2 ＿＿＿＿＿＿ましょう。

보기 **図書館 / 行く** → 図書館へ　行きましょう。

1) 先生 / 話す　→

2) 英語 / 習う　→

3) 辞書 / 借りる　→

4) いっしょうけんめい / 勉強する　→

3 ＿＿＿＿＿へ　＿＿＿＿＿に　行きます / 来ます / 帰ります。

보기 **図書館 / 本 / 借りる** → 図書館へ　本を　借りに　行きます。

1) 銀座 / 歌舞伎 / 見る　→

2) 食堂 / 昼ごはん / 食べる　→

3) デパート / 服 / 買う　→

4) カフェ / コーヒー / 飲む　→

- ビデオ 비디오
- 見(み)る 보다
- タクシー 택시
- 話(はな)す 이야기하다
- 習(なら)う 배우다
- 辞書(じしょ) 사전
- 借(か)りる 빌리다
- いっしょうけんめい 열심히
- 銀座(ぎんざ) 긴자(지명)
- 歌舞伎(かぶき) 가부키
- 食堂(しょくどう) 식당
- 昼(ひる)ごはん 점심
- 服(ふく) 옷
- 買(か)う 사다

4 ＿＿＿＿＿は ＿＿＿＿＿に ＿＿＿＿＿を　あげます。

보기 **私 / 友達 / プレゼント** → 私は　友達に　プレゼントを　あげます。

1) 私 / 弟 / チョコレート →

2) 田中さん / 吉田さん / セーター →

3) 友達 / キムさん / 花 →

4) 林(はやし)さん / 彼氏 / ネクタイ →

5 ＿＿＿＿＿は ＿＿＿＿＿に / から ＿＿＿＿＿を　もらいます。

보기 **私 / 母 / シャツ** → 私は　母に　シャツを　もらいました。

1) 田中さん / 本田さん / プレゼント →

2) 私 / 父 / 小遣い →

3) 弟 / 木村(きむら)さん / 辞書 →

4) 彼女 / 彼氏 / キャンディー →

6 ＿＿＿＿＿から　大丈夫です。

보기 **あしたは　休みだ** → あしたは　休みですから、大丈夫です。

1) 兄も　いっしょに　行く →

2) ハワイは　寒く　ない →

3) 英語が　できる →

4) 電車は　安全だ →

▫ 弟(おとうと) 남동생 ▫ チョコレート 초콜릿 ▫ セーター 스웨터 ▫ 花(はな) 꽃 ▫ 彼氏(かれし) 그, 그 남자 ▫ ネクタイ 넥타이
▫ シャツ 셔츠 ▫ プレゼント 선물 ▫ 小遣い(こづかい) 용돈 ▫ キャンディー 캔디, 사탕 ▫ 兄(あに) 형
▫ いっしょに 같이, 함께 ▫ ハワイ 하와이 ▫ できる 가능하다, 할 수 있다 ▫ 安全(あんぜん)だ 안전하다

회화연습

(1~3) 다음을 보기와 같이 바꾸어 연습하세요.

1

보기1

A：映画を　見ませんか。
B：いいですね。見ましょう。
A：なにが　いいですか。
B：そうですね。OOは　どうですか。
A：いいですね。それに　しましょう。

보기2

A：映画を　見ませんか。
B：映画ですか。映画は　ちょっと…。

1) 昼ごはん / 食べる
2) コンサート / 行く
3) お酒 / 飲む

2

보기

A：パクさん、今、どこへ　行きますか。
B：イ・ハナに　会いに　チョンノへ　行きます。
　木村さんも　いっしょに　行きましょう。

1) お弁当 ・買う / コンビニ
2) 本・借りる / 図書館
3) 忘れ物・ 取る / 駅

2 보기

A : 田中さん、その　ストラップ、かわいいですね。
B : ありがとうございます。
　誕生日に　彼女に　もらいました
A : うらやましいですね。

1) ケータイ / すてきだ / 父
2) ノートパソコン / すごい / 母
3) ドレス / きれいだ / 姉
4) ネックレス / かわいい / 彼氏

□ お酒(さけ) 술　□ お弁当(べんとう) 도시락　□ コンビニ 편의점　□ 忘れ物(わすれもの) 분실물　□ 取る(とる) (분실물 따위를) 찾다　□ 駅(えき) 역
□ うらやましい 부럽다　□ ケータイ 휴대전화　□ すてきだ 멋지다　□ 父(ちち) (자기) 아버지
□ ノートパソコン 노트북　□ すごい 굉장하다, 대단하다　□ 母(はは) (자기) 어머니　□ ドレス 드레스
□ 姉(あね) (자기) 언니, 누나　□ ネックレス 목걸이　□ かわいい 귀엽다

듣기연습

21

1 다음 대화를 잘 듣고 맞는 내용에 V를 하세요.

보기

① V

②

1) ①

②

2) ①

②

3) ①

②

4) ①

②

② 다음 대화를 잘 듣고 맞는 내용에 ◯를 하세요.

> **보기**
>
> 田中さんは (昨日、今日) (サインを もらい、友達に 会い)に (渋谷、新宿)へ 行きました。

1) 本田さんは (きのう、今) (図書館、郵便局)へ (本を 返し、本を 借り)に 行きます。
2) ヨナさんは (今月、来月) (カナダ、アメリカ)へ (買い物、スケートの 練習)に 行きます。
3) パクさんは (今晩、夕べ) (駅、空港)へ (母を 迎え、母を 見送り)に 行きました。

③ 다음 대화를 듣고 (　　)안에 알맞은 단어를 넣으세요.

1) パクさんは 先生の 奥さんに (　　　　) を (　　　　)。
2) 木村さんの 彼女は 木村さんに (　　　　) を (　　　　)。
3) パクさんは 木村さんに (　　　　) を (　　　　)。
4) 田中さんは 本田さんに (　　　　) を (　　　　)。

- 今晩 오늘 밤
- 渋谷 시부야(지명)
- 今 지금
- 返す 되돌려 주다
- 今月 이번 달
- 来月 다음 달
- 買い物 쇼핑
- 練習 연습
- カナダ 캐나다
- 夕べ 어젯밤
- 迎える 마중하다
- 見送る 배웅하다
- 空港 공항
- 奥さん 부인
- キムチ 김치
- さしあげる 드리다
- くつ 구두
- 実は 실은
- 去年 작년
- 誕生日 생일
- おめでとうございます 축하합니다
- 卒業 졸업

한국과는 달라요!

일본인의 언어행동

일본인도 돈을 낸다?

일본인들은 철저한 각자 계산의 문화이지만, 승진을 했다거나, 축하를 해야 할 일이 있을 때에는 식사나 술자리에서 한 사람이 내는 경우도 있다. 이럴 경우에는 "제가 내겠습니다.(私に　払わせて　もらえませんか)"라고 표현한다.

이「~させて　もらう」는 자신이 지금부터 행하는 행위를, 상대에게 허가를 받는다는 형식으로 표현하는 일본어 특유의 완곡표현이다.

즉, 상대의 의향을 늘 고려하여 행동하는 일본인의 언어행동의 일면이 단적으로 보여지는 표현이라고 할 수 있다.

제19과

あっ、あそこに インドのお店(みせ)が ありますよ。

이 과의 키워드

19, 20과

22

（お）店（みせ）

あります

います

前（まえ）

隣（となり）

中（なか）

間（あいだ）

一つ（ひとつ）

二つ（ふたつ）

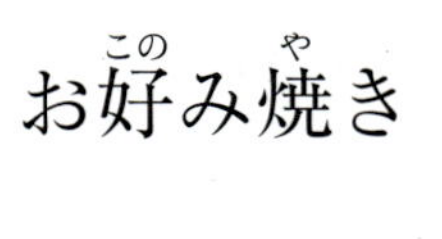

お好み焼き（おこのみやき）

문형

23

1. あそこに　インドの　お店(みせ)が
ありますよ)。

2. たくさん　人(ひと)が　います(ね)。

3. 日本(にほん)の　お店(みせ)の　前(まえ)です。

4. 3こで　100円(えん)です。

5. お好(この)み焼(や)きを　一(ひと)つ、チヂミを　一(ひと)つ
買(か)いましょう。

기본회화

学園祭(がくえんさい)で
대학 축제에서

~각 학과의 임시로 설치된 음식점을 보면서~

24

木村(きむら)： いろんな　お店(みせ)が　ありますね。

パク： 本当(ほんとう)ですね。あっ、あそこに　インドの　お店(みせ)が　ありますよ。

木村(きむら)： やっぱり　カレーですね。その　隣(となり)には　トルコの　お店(みせ)が　ありますね。

パク： あっ、有名(ゆうめい)な　アイスクリームが　ありますよ。

店員(てんいん)： いらっしゃいませ。アイスクリーム　いかがですか。

木村(きむら)： でも、お店(みせ)は　まだ　ありますから、ほかを　見(み)に　行(い)きましょう。

パク： そうですね。韓国(かんこく)の　お店(みせ)は　どこに　ありますか。

木村(きむら)： ええと、あっ、あそこですよ。ほら、日本(にほん)の　お店(みせ)の　前(まえ)です。

パク： うわー、たくさん　人(ひと)が　いますね。日本(にほん)は　お好(この)み焼(や)き、韓国(かんこく)は　チヂミ。

木村(きむら)： どちらも　いいですね。

パク： じゃ、お好(この)み焼(や)きを　一(ひと)つ、チヂミを　一(ひと)つ　買(か)いましょう。

木村(きむら)： いいですね。そうしましょう。早(はや)く、早(はや)く！

これだけは！単語 いろんな 여러가지 ｜ (お)店(みせ) 가게 ｜ ある 있다 ｜ 本当(ほんとう) 정말 ｜ やっぱり 역시, 과연 ｜ 隣(となり) 옆 ｜ 有名(ゆうめい)だ 유명하다 ｜ いかが 어떻게 ｜ まだ 아직 ｜ 他(ほか) 그 외, 다른 ｜ 前(まえ) 앞, 전 ｜ たくさん 많은, 많이 ｜ 人(ひと) 사람 ｜ いる (사람, 동물) 있다 ｜ 一(ひと)つ 하나 ｜ 買(か)う 사다

チャレンジ！単語 早(はや)く 빨리, 일찍이 ｜ ええと 저어 ｜ ほら 이봐, 자 ｜ ～から ~(이)니까, ~(이)므로

情報としての単語 インド 인도, 인디아 ｜ カレー 카레 ｜ トルコ 터키 ｜ アイスクリーム 아이스크림 ｜ お好(この)み焼(や)き 오코노미야키 ｜ チヂミ 부침개

해설

1 「(장소)に (무생물)が あります」 (장소)에 물건이 있습니다
「(장소)に (생물)が います」 (장소)에 사람, 생물이 있습니다.

어떤 장소에 무언가, 누군가가(사물, 또는 사람을 비롯한 생물) 존재함을 나타낸다. 한국어와는 달리, 무생물의 존재를 나타낼 경우에는「あります」를 쓰고, 사람을 비롯한 (살아있는) 생물의 존재를 나타낼 경우,「います」를 쓴다.

a. テレビの 上(うえ)に 時計(とけい)が あります。 TV 위에 시계가 있습니다.

b. 冷蔵庫(れいぞうこ)の 中(なか)に サケが あります。 냉장고 안에 연어가 있습니다.

c. いすの 上(うえ)に 猫(ねこ)が います。 의자 위에 고양이가 있습니다.

d. 動物園(どうぶつえん)に パンダが います。 동물원에 팬더가 있습니다.

※「(무생물)は(장소)にあります」「(생물)は(장소)にいます」와 같은 표현도 쓰인다.

a. 時計(とけい)は テレビの 上(うえ)に あります。 시계는 TV 위에 있습니다.

b. 猫(ねこ)は いすの 上(うえ)に います。 고양이는 의자 위에 있습니다.

▶조수사(174p 참조)

▶위치를 나타내는 말

上(うえ)

下(した)

後(うしろ)

前(まえ)

中(なか)

隣(となり)

間(あいだ)

右(みぎ)

左(ひだり)

北(きた)

西(にし)

東(ひがし)

南(みなみ)

강의실 에서

심장 しんぞう : 심정 しんじょう

彼女に　告白した？

ううん、心情(しんじょう)が　どきどきして
できなかったの。

えっ？心情(しんじょう)って？
ああ、心情(しんじょう)じゃ　なくて
心臓(しんぞう)ね。

「ぞう」の　発音は　愛の
告白より　難しいね。

1. 여자친구에게 고백했어?
2. 아니 심정 (しんじょう) 이 뛰어서 못했어.
3. 응? 심정 (しんじょう) 이라구?
   아 심정이 아니라 심장 (しんぞう) .
4. 심장(しんぞう)의 발음은 사랑의 고백보다 어렵네.

音声（発音）ワンポイント

일본어 발음 「ぞう」と「じょう」는 똑 같은 2박의 길이로 한국인들이 발음을 할 때 어려워 하는 발음이다. 이 발음을 할 때는 「ぞう」는 성대가 울리도록 하고「じょう」는성대가 울리지 않도록 주의해서 발음해야 한다.

제20과

すみません、お好(この)み焼(や)きを一(ひと)つください。

응용 회화 ❶ 日本の お店の 前で

일본 가게 앞에서

25

木村： すみません、お好み焼きを 一つ ください。

店員： はい。ありがとうございます。

パク： あっ、たこ焼きも ありますね。うーん…。

木村： じゃ、たこ焼きも 買いましょうか。

パク： そうですね。すみません、たこ焼きは いくらですか。

店員： ３こで 100円です。

パク： じゃ、二つ ください。

店員： はい、ありがとうございます。全部で 400円です。

これだけは！単語 すみません 죄송합니다 | ～ください 주십시오 | ありがとうございます 감사합니다
～こ ～개 | ～円 ～엔 | 二つ 둘, 두 개 | 全部 전부

情報としての単語 たこ焼き 타코야끼

응용 회화 ❷

国際交流(こくさいこうりゅう)パーティで
국제교류 파티에서
~서서 이야기를 나누며~

🔊 26

吉田(よしだ): はじめまして、吉田(よしだ)と　申(もう)します。どうぞ　よろしく　お願(ねが)いします。

ペ: こちらこそ　よろしく　お願(ねが)いします。
吉田(よしだ)さん、ご出身(しゅっしん)は　日本(にほん)の　どちらですか。

吉田(よしだ): 広島県(ひろしまけん)です。

ペ: 広島県(ひろしまけん)ですか…。 すみません、どこに　ありますか。

吉田(よしだ): 広島(ひろしま)は　中国地方(ちゅうごくちほう)に　ありますよ。

ペ: えっ、中国(ちゅうごく)？ 日本(にほん)の　中(なか)にも　中国(ちゅうごく)が　ありますか。

吉田(よしだ): はい。近畿(きんき)と　九州(きゅうしゅう)の　間(あいだ)に　あります。

ペ: じゃ、本州(ほんしゅう)の　一番(いちばん)　西(にし)ですね。

これだけは！単語　はじめまして 처음뵙겠습니다 | ~と申(もう)します ~라고 합니다 | どうぞ 부디 | よろしく 잘 (부탁합니다) | お願(ねが)いします 부탁합니다 | 中(なか) 안 | 間(あいだ) 사이 | 一番(いちばん) 가장 | 西(にし) 서, 서쪽

情報としての単語　広島県(ひろしまけん) 히로시마현(지명) | 中国地方(ちゅうごくちほう) 츄고쿠지방(지명) | 近畿(きんき) 긴키지방(지명) | 九州(きゅうしゅう) 규슈(지명) | 本州(ほんしゅう) 혼슈(지명)

예문

27

1

隣(となり)の　部屋(へや)に　だれが
いますか。

木村(きむら)さんが　　います。

2

あの、ユミさんは
いますか。

今、教室(きょうしつ)に　いますよ。

3

近(ちか)くに　コンビニは
ありますか。

はい、駅(えき)の　中(なか)に　ありますよ。

4

コップは　どこに　ありますか。

テーブルの　上(うえ)に　あります。

5

ハンバーガーを　二(ふた)つと
コーヒーを　一(ひと)つ
ください。

はい、かしこまりました。

문형연습

(1~7) 다음을 보기와 같이 바꾸시오.

1 ＿＿＿＿＿が　あります / います。

보기 **店** → 店が　あります。

1) ベッド →
2) 田中(たなか)さん →
3) 女の人 →
4) 冷蔵庫 →
5) 子供 →
6) 自転車 →

2 ＿＿＿＿＿に　＿＿＿＿＿が　あります / います。

보기 **1階 / 郵便局** → 1階に　郵便局が　あります。

1) 教室 / 学生 →
2) 部屋 / ピアノ →
3) ４階 / コピー機 →
4) 受付 / 男の　人 →

- 店(みせ) 가게
- ベッド 침대
- 冷蔵庫(れいぞうこ) 냉장고
- 自転車(じてんしゃ) 자전거
- 女(おんな)の人(ひと) 여자
- 1階(かい) 1층
- 郵便局(ゆうびんきょく) 우체국
- 教室(きょうしつ) 교실
- 学生(がくせい) 학생
- 部屋(へや) 방
- ピアノ 피아노
- 4階(かい) 4층
- コピー機(き) 복사기
- 受付(うけつけ) 접수
- 男(おとこ)の人(ひと) 남자

3 ＿＿＿＿＿の ＿＿＿＿＿に ＿＿＿＿＿が あります／います。

보기 つくえの 上に みかんが あります。

1)

2)

3)

4)

5)

6)

□ 財布 지갑 □ 椅子 의자 □ 猫 고양이 □ 病院 병원 □ 銀行 은행 □ 正門 정문

문형연습

4

__________は　どこに　ありますか／いますか。

__________に　あります／います。

보기　犬は　どこに　いますか。

… ソファーの　下に　います。

1)

2)

3)

4)

- いぬ 개
- ソファー 소파
- 家(いえ) 집
- 牛乳(ぎゅうにゅう) 우유
- 新聞(しんぶん) 신문

5 ＿＿＿＿＿に ＿＿＿＿＿が ＿＿＿＿＿ あります／います。

보기 **つくえ（1）** → 部屋に つくえが ひとつ あります。

1) テレビ（1） →
2) 女の子（2） →
3) 犬(いぬ)（1） →
4) ノート（3） →

6 昨日、＿＿＿＿＿で ＿＿＿＿＿を ＿＿＿＿＿ 買(か)いました。

보기 **りんご（3）** → 昨日、デパートで りんごを みっつ 買いました。

1) シャツ（1） →
2) かさ（2） →
3) たまご（すこし） →
4) はな（たくさん） →

□ かさ 우산　□ たまご 달걀　□ すこし 조금　□ たくさん 많이

회화연습

(1~3) 다음을 보기와 같이 바꾸어 연습하세요.

1

보기

A：すみません、たこ焼きを　ください。

B：はい、ありがとうございます。

A：いくらですか。

B：３こで　１００円です。

A：じゃ、ふたつ　ください。

1) あんまん / 2 / 150円 / 4
2) CD / 3 / 1000円 / 3
3) バナナ / 5 / 120円 / 10
4) たまねぎ / 5 / 300円 / 5

2

보기

A：すみません。この　クラスに　日本人の　学生は　いますか。

B：はい、いますよ。

A：何人ぐらい　いますか。

B：男の　学生が　三人と　女の　学生が　二人　います。

A：どうも　ありがとうございました。

1) 会社 / 外国人の　社員 / アメリカ人(2) + 中国人(4)
2) 図書室 / 韓国の　本 / 経済の　本(10) + 歴史の　本(8)
3) 学校 / 韓国人の　学生 / 男子学生(5) + 女子学生(6)

2 보기

A: 広島県は　どこに　ありますか。
B: 広島は　中国地方に ありますよ。

1) 大阪
2) 福島県
3) 大分県
4) 東京

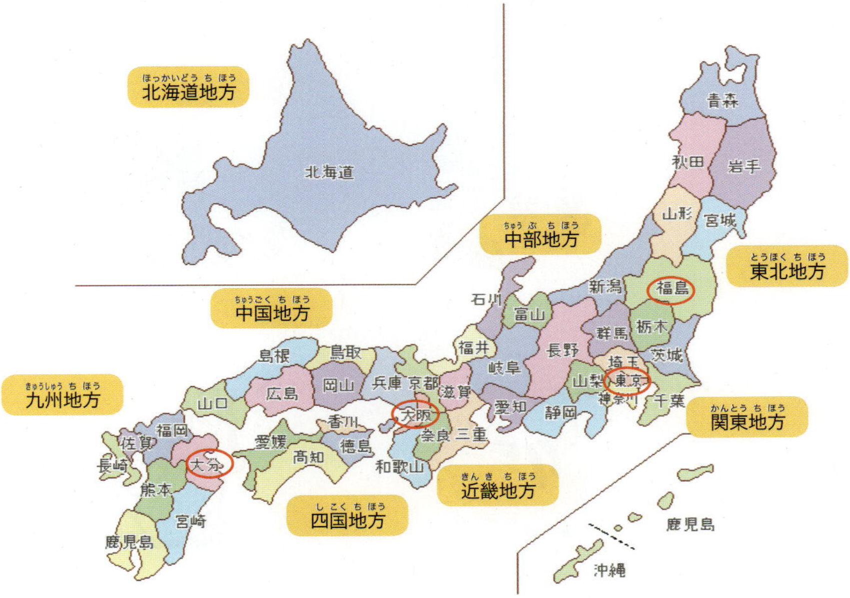

□ あんまん 팥만두　□ たまねぎ 양파　□ 三人 세 사람　□ 二人 두 사람　□ 社員 사원　□ 経済 경제
□ 歴史 역사

듣기연습

28

1 다음 대화를 잘 듣고 맞는 내용에 V를 하세요.

보기

①  ② V 

③ 

1) ①  ②  ③ 

2) ①  ②  ③ 

3) ① 

② 

③ 

4) ①  

②  

③ 

② **다음 대화를 듣고 질문에 맞는 답을 고르세요.**

보기

① 
② 

③ 

1) ①本棚の　上　　②アニメコーナーの　前
③受付の　前

2) ①眼鏡売り場の　となり（1F）　　②ハンカチ売り場の　となり（1F）
③婦人服売り場の　となり（2F）

3) 

③ **다음 대화를 듣고 맞는 내용에는 ○, 틀린 내용에 X를 하세요.**

1) パクさんの　家に、犬(いぬ)は　いますが、猫(ねこ)は　いません。（　　　　）

2) パクさんの　家に　ノートパソコンは　ありません。（　　　　）

3) パクさんの　家に、テレビは　2台(だい)　あります。（　　　　）

4) パクさんの　家に、ベッドは　ありません。（　　　　）

▫ ペット 애완동물　▫ スーパー 슈퍼　▫ や ~며(둘 이상의 것을 열거할 때 사용)　▫ など 등, 따위
▫ いらっしゃいますか（いらっしゃる）계십니까?　▫ はやく 일찍　▫ 本屋(ほんや) 서점
▫ 村上春樹(むらかみはるき) 무라카미 하루키(일본 작가)　▫「1Q84」: 무라카미 하루키의 대표작　▫ 棚(たな) 선반　▫ アニメ 애니메이션
▫ コーナー 코너　▫ 眼鏡(めがね) 안경　▫ 駅(えき) 역　▫ 右(みぎ) 오른 쪽　▫ 花屋(はなや) 꽃집　▫ 白(しろ)い 희다　▫ ビル 빌딩
▫ 分(わ)かりました 알았습니다　▫ でも 하지만　▫ パソコン 퍼스널컴퓨터　▫ その　かわり 그 대신에
▫ CDプレイヤー CD 플레이어　▫ 布団(ふとん) 이불　▫ 不便(ふべん)だ 불편하다

한국과는 달라요!

일본인의 언어행동

겸손은 미덕

일본인은 겸손을 미덕으로 삼기 때문에 손님에게 선물을 건낼 때에 “변변치 않습니다만.(つまらないものですが)” 같은 겸손표현을 많이 사용한다.

위와 같은 겸손표현은 제공하는 물건의 가치가 적다는 것을 표현함으로써 상대가 가질 보답의 의무를 경감시켜 받기 편하게 해주는 효과가 있다.

제21과

２月(がつ)に　休(やす)みが ほしいです。

이 과의 키워드

21, 22과

29

いざかや
居酒屋

アルバイト

めんせつ
面接

じゅぎょう
授業

やす
休み

ほしいです

テスト

スケジュール

ちゅうもん
注文

문형

30

1 私(わたし)、肉(にく)じゃがが　食(た)べたい(な)。

2 私(わたし)は、新(あたら)しい　ケータイが　ほしいです。

3 テストが　ありますから、勉強(べんきょう)したいです。

4 他(ほか)に　何(なに)か　希望(きぼう)は　ありますか。

기본회화

居酒屋(いざかや)で
이자카야에서
~아르바이트 면접~

31

店長(てんちょう)： 1週間(しゅうかん)に　何日(なんにち)ぐらい　可能(かのう)ですか。

パク： 3日(みっか)か　4日(よっか)ぐらい　したいです。

店長(てんちょう)： そうですか。昼(ひる)の　時間(じかん)も　大丈夫(だいじょうぶ)ですか。

パク： すみません、大学(だいがく)の　授業(じゅぎょう)が　ありますから、昼(ひる)は　ちょっと…。

店長(てんちょう)： そうですか。ほかに　何(なに)か　希望(きぼう)は　ありますか。

パク： はい。2月(にがつ)に　少(すこ)し　休(やす)みが　ほしいです。

店長(てんちょう)： 2月(にがつ)？　どうして？

パク： あのう、テストが　ありますから、勉強(べんきょう)したいです。

店長(てんちょう)： わかりました。スケジュールを　調整(ちょうせい)しましょう。
じゃ、来週(らいしゅう)から　来(き)て　ください。

パク： はい。よろしく　お願(ねが)いします。

これだけは！単語　アルバイト 아르바이트 | 1週間(いっしゅうかん) 일주일 | 何日(なんにち) 몇일 | 3日(みっか) 3일 | 4日(よっか) 4일 | ぐらい 정도 | 昼(ひる) 낮 | 時間(じかん) 시간 | 大丈夫(だいじょうぶ)だ 괜찮다 | 大学(だいがく) 대학교 | 授業(じゅぎょう) 수업 | ある 있다 | 何(なに)か 무언가 | 少(すこ)し 조금 | 休(やす)み 쉬는 시간, 방학, 휴가 | 2月(にがつ) 2월 | どうして 어째서, 왜 | テスト 테스트 | 勉強(べんきょう)する 공부하다 | 来週(らいしゅう) 다음 주 | 来(き)て　ください 와 주세요

チャレンジ！単語　面接 면접 | 可能 가능 | 他 그 외, 다른 | 希望 희망 | スケジュール 스케줄
調整する 조정하다

해설

1 ～たいです(동사ます形＋たいです) ～하고 싶습니다

희망을 나타내는 표현으로 동사의 ます형에 접속한다. 〈A을/를~하고 싶습니다〉와 같은 표현은 〈Aが～たいです〉와 같이 표현하는 경우도 있다.

a. 水(みず)を(が) 飲(の)みたいです。 물 마시고 싶습니다.

b. おいしい うどんを(が) 食(た)べたいです。 맛있는 우동이 먹고 싶습니다.

c. おもしろい 映画(えいが)を(が) 見(み)たいです。 재미있는 영화를 보고 싶습니다.

2 「～が ほしいです」

～을/를 갖고 싶습니다, ～을/를 원합니다(～이/가 있었으면 좋겠습니다)

구체적인 사물, 추상적인 사항 등을 원할 때 쓰는 표현으로, 한국어〈~을/를 갖고 싶다, 원하다〉에 대해 〈~がほしい〉를 쓴다.

a. 新(あたら)しい カバンが ほしいです。 새 가방을 갖고 싶습니다.

b. 友(とも)だちが ほしいです。 친구가 있었으면 좋겠어요.

c. あしたへの 希望(きぼう)が ほしいです。 내일에 대한 희망을 갖고 싶습니다.

3 「Aから、～」 A하기 때문에, A이기 때문에

이유를 나타내는 표현으로 A에는 동사표현, イ형용사표현, ナ형용사표현이 온다.

a. 私(わたし)も 行(い)きますから、いっしょに 行(い)きませんか。 나도 가니까 함께 가지 않을래요?

b. (この カバンは)高(たか)いですから、買(か)いたく ありません。 이 가방은 비싸서 사고 싶지 않습니다.

c. 静(しず)かですから、ここで 話(はな)しましょう。 조용하니까 여기서 이야기합시다.

4 「何か」「どこか」「だれか」 무언가, 어딘가, 누군가

불확실한 사물, 장소, 사람을 가리키는 표현.

a. 何(なに)か おいしいもの、ありませんか。 뭔가 맛있는 거, 없나요?

b. 夏休(なつやす)みですから、どこか(へ) 遊(あそ)びに 行(い)きたいですね。
여름 방학이니까, 어딘가 놀러 가고 싶네요.

c. すみません、だれか いませんか。 실례합니다, 누구 안 계세요?

영화관 에서

문장의 의미를 알기 쉽게 하는 포즈(pause)

さっきの　場面、かれは
なにを　したの？

どろまみれに　なって、にげる
どろぼうを　おいかけたの。

ちがうよ。どろまみれに　なっ
て　にげる、どろぼうを　お
いかけたよ。

えっ？どっちなの？

1. 조금 전 장면에서 그 사람이 어떻게 했어?
2. 진흙 투성이가 되어서, 도망가는 도둑을 쫓아갔어.
3. 아냐. 진흙 투성이가 되어서, 도망가는 도둑을 쫓아갔어.
4. 응 어느쪽야?

音声（発音）ワンポイント

회화를 할 때 문장중에 쉼표를 찍어 포즈(pause)라고 한다.

이 포즈를 넣어 문장의 의미를 알기 쉽게 한다. 이 포즈는 커뮤니케이션에 있어 자기의 생각이나 기분을 듣는 사람에게 원활하게 전달하는 역할을 하기 때문에 매우 중요하다.

제 22 과

肉(にく)じゃがが
食(た)べたいな。

응용 회화 ①

居酒屋(いざかや)で
이자카야에서

32

キム： 何(なに)に　する？

鈴木(すずき)： 私(わたし)、肉(にく)じゃがが　食(た)べたいな。

キム： 僕(ぼく)は　揚(あ)げ出(だ)し豆腐(どうふ)。

鈴木(すずき)： じゃ、注文(ちゅうもん)しますね。すみません。

パク： お待(ま)たせいたしました。ご注文(ちゅうもん)は　お決(き)まりでしょうか。

鈴木(すずき)： とりあえず、生(なま)　二(ふた)つ。(메뉴를 보면서) えっと… それから
肉(にく)じゃがと　揚(あ)げ出(だ)し豆腐(どうふ)も　お願(ねが)いします。

パク： かしこまりました。少々(しょうしょう)　お待(ま)ちくださいませ。

これだけは！単語 居酒屋(いざかや) 선술집 | 何(なに)にする 무엇으로 하다 | 食(た)べる 먹다 | 僕(ぼく) 나(남성어)
お待(ま)たせいたしました 오래 기다리셨습니다 | かしこまりました 알겠습니다
お願(ねが)いします 부탁합니다 | 少々(しょうしょう) お待(ま)ちくださいませ 잠시 기다려주시기 바랍니다

チャレンジ！単語 ご注文(ちゅうもん) 주문 | お決(き)まりでしょうか 정하셨습니까 | とりあえず 일단

情報としての単語 肉(にく)じゃが 소고기나 돼지고기와 감자, 양파 등을 넣고 간장, 설탕 등으로 조린 요리
揚(あ)げ出(だ)し豆腐(どうふ) 두부를 기름에 살짝 튀긴 것 | 生(なま)＝生(なま)ビール 생맥주

응용 회화 ❷

学生食堂で
학생 식당에서

33

木村: あ、明日、給料日だ。

パク: あ、私もです。木村さん、何に　使いますか。

木村: おれは　貯金。パクさんは？

パク: 私は、新しい　ケータイが　ほしいです。

これだけは！単語 明日 내일 | 使う 사용하다 | 新しい 새롭다 | ケータイ 휴대전화

チャレンジ！単語 給料日 월급날 | おれ (주로 남자가 사용하는) 나 | 貯金 저금

예문

34

1

暑(あつ)いですね。

ええ。アイスクリームが
食(た)べたいですね。

2

これ、買(か)いました。

いいですね。私(わたし)も　新(あたら)しい
パソコンが　ほしいです。

3

日曜日(にちようび)、映画(えいが)に　行(い)きませんか。

アルバイトが　ありますから、
日曜日(にちようび)は　ちょっと…。

4

夏休みに　何を　しますか。

アルバイトが　したいです。
日本へ　留学したいですから。

5

もう　1時ですね。
何か　食べましょうか。

ええ。ラーメンは　どうですか。

문형연습

1 다음 그림을 보고 보기와 같이 문장을 만들어 보세요.

私は ＿＿＿＿＿＿＿が　ほしいです。

보기 私は　車が　ほしいです。

2 다음 그림을 보고 아래 문장을 완성하세요.

＿＿＿＿＿＿＿たいです。

보기 先生に　なりたいです。

1) 

2) 

3) 

4) 

5) 

6) 

7) 

1) 友達と　映画を ____________________。

2) 水を ____________________。

3) ゆっくり ____________________。

4) スキーを ____________________。

5) ケーキを ____________________。

6) 新しい　服を ____________________。

7) はやく ____________________。

□ カメラ 카메라　□ ケータイ 휴대전화　□ 車(くるま) 차　□ コンサートの　チケット 콘서트 티켓　□ 彼氏(かれし) 남자 친구　□ お金(かね) 돈　□ 休み(やすみ) 휴가, 휴일　□ スキー（スキーを　する）스키(스키를 타다)　□ 寝る(ねる) 자다

문형연습

3 일본을 여행한다면 어디에 가고 싶습니까? 다음 지시대로 따라가 보세요.

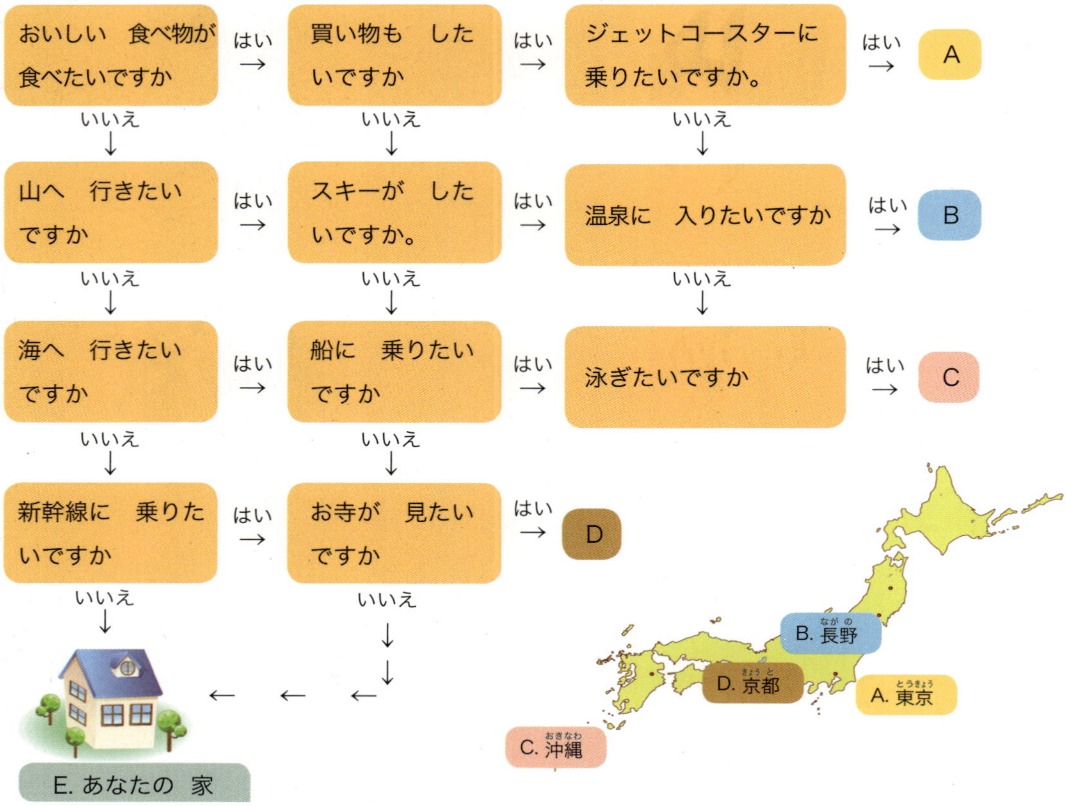

4 다음 문장을 완성하세요.

____________から、____________たいです。

보기 テストが　ありますから、勉強したいです。

1) おなかが　すいて　いますから、____________________たいです。
2) 今日は　いい　天気ですから、____________________たいです。
3) 歌が　好きですから、____________________たいです。
4) 疲れましたから、____________________たいです。

▫ 温泉(おんせん) 온천　▫ 入(はい)る 들어가다　▫ 船(ふね) 배　▫ 泳(およ)ぐ 헤엄치다　▫ お寺(てら) 절　▫ あなた 당신　▫ テスト 테스트
▫ おなか（おなかが　すいて　いる） 배(배가 고프다)　▫ 疲(つか)れる 피곤하다

회화연습

1 친구들이 지금 가장 갖고 싶은 것은 무엇인지 물어보고 표로 만들어 보세요.
가장 많은 것은 무엇입니까?

보기

A : あのう、Aさん、今　何が　一番　ほしいですか。
B : そうですね。ケータイが　ほしいです。
A : ケータイ？　どうしてですか。
B : 私の　ケータイは　古いですから。

名前	ほしいもの	理由
さん		
さん		
さん		
さん		

＊ほしいもの　ランキング

1位：

2位：

3位：

□ もの 물건, 것　□ 理由(りゆう) 이유　□ ランキング 랭킹

회화연습

2 친구들과 일본의 이자카야(居酒屋)에서 주문을 하는 연습을 해 보세요.
한국 친구들이 좋아하는 안주는 어떤 것이 있나요?

보기

A: お待たせいたしました。ご注文は　お決まりでしょうか。

B: とりあえず、生　二つ。(메뉴를 보면서) えっと… それから
肉じゃがと　揚げ出し豆腐も　お願いします。

A: かしこまりました。少々　お待ちくださいませ。

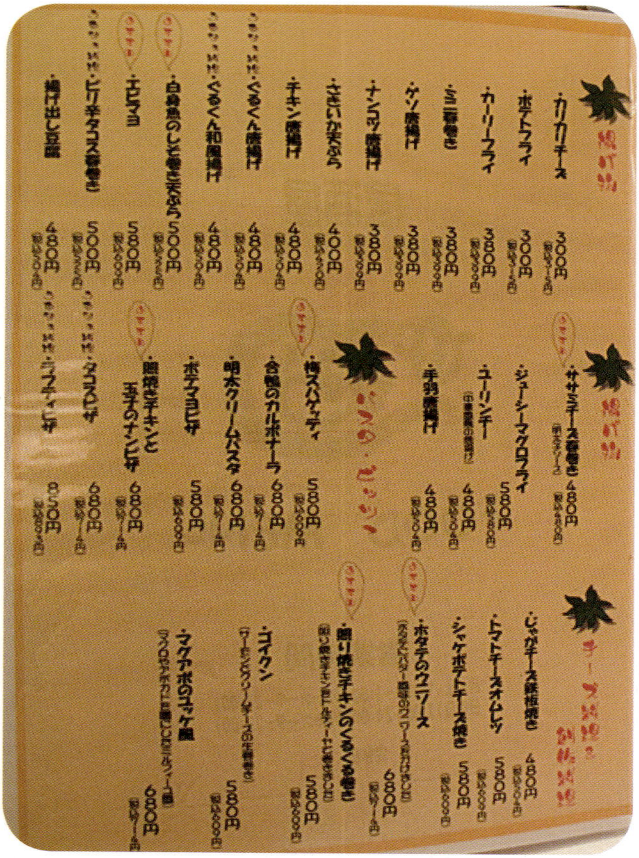

□ 居酒屋(いざかや) 선술집

듣기연습

🔊 35

1 **질문을 잘 듣고 알맞은 대답을 쓰세요. (질문만 나옵니다. 질문을 잘 듣고 자신의 생각이나 의견을 써 보세요.)**

보기
ケータイが　ほしいです。

1)

2)

3)

4)

2 **두 사람의 대화 내용을 잘 듣고 내용이 맞으면 O, 틀리면 X를 하세요.**

보기
(　　◯　　)

1) (　　　　)

2) (　　　　)

3) (　　　　)

□ 週末(しゅうまつ) 주말　□ 会(あ)う 만나다　□ カラオケ 노래방　□ 古(ふる)い 낡다　□ 新(あたら)しい 새롭다
□ サンドイッチ 샌드위치　□ スパゲッティ 스파게티

듣기연습

3 다음은 일본인 대학생을 대상으로 한 설문 조사입니다. 잘 듣고 본문의 내용과 맞는 그래프를 골라 질문에 답하세요.

1) 일본인이 좋아하는 한국 음식

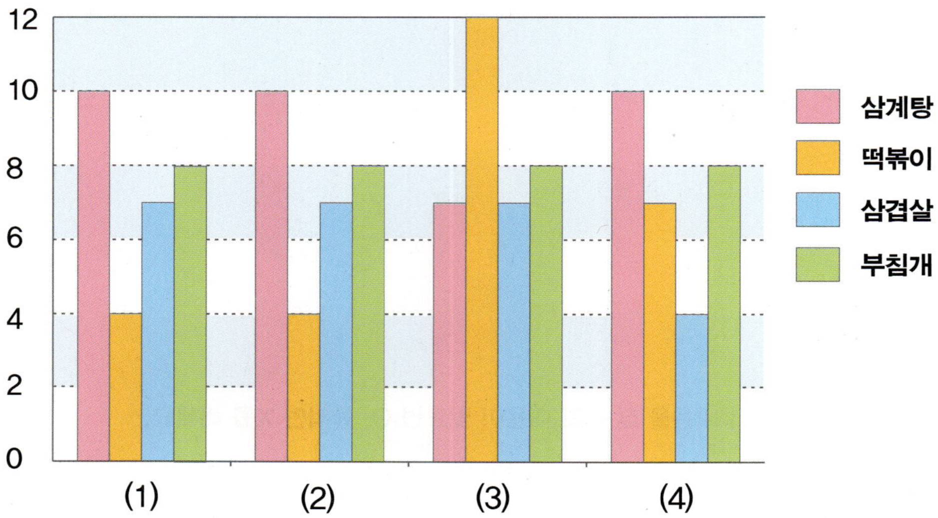

□ みなさん 여러분　□ 考え 생각　□ 聞く 듣다　□ 言う 말하다　□ 手 손
□ あげる (あげて　ください) 들다(들어 주세요)　□ まず 우선　□ 次 다음

2) 일본인이 싫어하는 음식의 랭킹으로 맞는 그래프는 어떤 것인가요?
이번에는 아래 그래프에 숫자를 써 보세요.

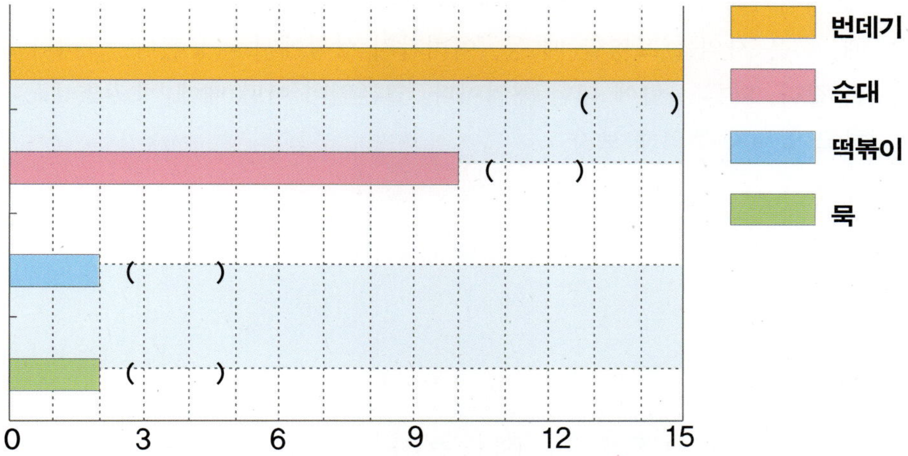

□ ～には ～에게는 □ 辛い 맵다 □ 最後(さいご) 마지막 □ それでは 그럼 □ 質問(しつもん) 질문 □ 多(おお)い 많다
□ 他(ほか)に 그 밖에 □ 今度(こんど) 이 다음

한국과는 달라요!

일본인의 언어행동

쓸모있는 「すみません」

「すみません」은 늘 사죄의 표현으로만 사용되지는 않는다. 일본에서는 일상의 여러가지 장면에서 빈번히 들리는 말이다. 상대의 주의를 끌 때, 의뢰를 할 때, 혹은 사의를 표명할 때 등, 여러가지 상황에서 사용된다. 그러나 그 의미는 같다. 다른 사람에 대한 배려이다. 일본인이 어떤 때에 「すみません」을 사용하고 있는지 주의해 보자.

すみません、肉じゃがと…

すみません、明洞は～

제 23 과

最近(さいきん)、禁煙(きんえん)の　学食(がくしょく)も多(おお)く　なりましたよ。

이 과의 키워드

23, 24과

36

キャンパス

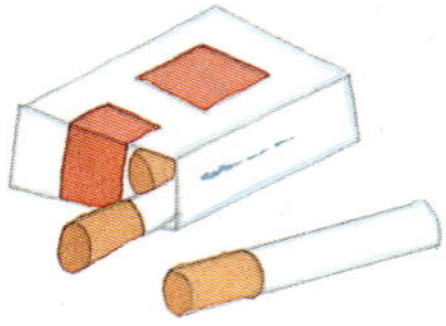

たばこ

吸(す)います

禁煙(きんえん)

痛(いた)いです

学食(がくしょく)(学生食堂(がくせいしょくどう))

単位(たんい)

科目(かもく)

成績(せいせき)

문 형

37

1 「歩(ある)きたばこ」って、何(なん)ですか。

2 歩(ある)きながら　たばこを　吸(す)うことです。

3 少(すこ)しの　お酒(さけ)で　頭(あたま)が　痛(いた)く なりますから。

4 寮(りょう)の　学食(がくしょく)も　禁煙(きんえん)に　なりましたか。

5 その　科目(かもく)で　Ｆを　取(と)るという　意味(いみ)です(よ)。

기본회화 キャンパスで 캠퍼스에서

🔊 38

木村(きむら)：おっ、まずい！　サンミンさん、ほら、あれ。

ペ：えっ、何(なん)ですか。

ペ：「歩(ある)きたばこ」って　何(なん)ですか。

木村(きむら)：歩(ある)きながら　たばこを　吸(す)う　ことです。この　辺(へん)も　だめに　なりましたね。

ペ：じゃ、学食(がくしょく)に　行(い)きませんか。

木村(きむら)：でも、最近(さいきん)、禁煙(きんえん)の　学食(がくしょく)も　多(おお)く　なりましたよ。

ペ：えっ、寮(りょう)の　学食(がくしょく)も　禁煙(きんえん)に　なりましたか。

これだけは！単語 まずい 곤란하다, 맛없다 | キャンパス 캠퍼스 | なる 되다 | 歩(ある)く 걷다 | たばこ 담배 | 吸(す)う (숨 등을)쉬다, (담배 등을)피다 | 辺(へん) 주변 | だめだ 안되다 | 学食(がくしょく) 학생식당 | 寮(りょう) 기숙사 | 多(おお)い 많다

チャレンジ！単語　禁煙 금연

情報としての単語　歩きたばこ 노상흡연

해설

1 「Aって 何ですか」 A란 무엇입니까?

A라는 용어에 대해 묻는 표현이다. 대답할 때에는 (a) 와 같이 「Aは B(명사표현)のことです」, (b) 와 같이 「Aは B(동사표현)ことです」와 같이 대답한다.

a. 「デジカメ」って 何(なん)ですか。

⇒「デジカメ」は「デジタルカメラ」の ことです。

b. 「歩(ある)きタバコ」って 何(なん)ですか。

⇒「歩(ある)きタバコ」は「歩(ある)きながら タバコを 吸う」ことです。

※ Aって＝Aというのは、A라는 것은
격식을 차린 장면, 공식적인 장면에서는「Aというのは」를, 격식을 차리지 않는 대화에서는「Aって」를 사용한다.

2 「Aながら Bます」 A하면서 B합니다

두 가지 동작을 동시에 진행하는 것을 나타내는 표현으로, A, B에는 동사의 ます형이 온다.

a. テレビを 見(み)ながら 食事(しょくじ)を します。TV를 보면서 식사를 합니다.

b. 友達(ともだち)と 話(はな)しながら 歩(ある)きます。친구와 이야기하면서 걷습니다.

3 「(イ형용사)く なります／(ナ형용사, 명사)に なります」

~해 졌습니다. ~가 되었습니다

변화된 상태를 나타내는 표현으로, イ형용사의 경우「高い⇒高く なります」, ナ형용사의 경우「有名だ⇒有名に なります」, 명사는「歌手⇒歌手に なります」와 같이 된다.

a. 物価が 高く なりました。물가가 비싸졌습니다.

b. 私は 歌手に なりたいです。나는 가수가 되고 싶습니다.

c. 田中さんは 有名に なりました。다나카 씨는 유명해 졌습니다.

4 「Aは Bという 意味です」

A는 B라는 의미입니다

(응용회화 1)

단어 A의 의미를 질문하는 ⓐ ⓑ에 대해, A의 의미를 설명하는 표현이다.

a. 「めっちゃ」って どういう 意味ですか。

⇒「めっちゃ」は 「とても」という 意味です。

b. 「ながら勉強」って どういう 意味ですか。

⇒「ながら勉強」は 「何かを しながら 勉強する」という 意味です。

곱창집 에서

칠레산 チリ産 : 지리산 チリ山

あのう　なんの　ワインが
好きですか？

チリ産(칠레산)の　ワインが
好きです。

ええ？ チリ山(지리산)の
ワインも　あるんですか。

ああ　チリ山じゃ　なく
チリ産ワインですよ。

1. 어떤 와인을 좋아하세요?
2. 칠레산 와인을 좋아합니다.
3. 에 지리산 와인도 있어요?
4. 아 지리산이 아니라 칠레산 와인 이요.

音声（発音）ワンポイント

일본어에서 외래어는 발음이 실제 원어와 많이 다르기 때문에 한국인 학습자가 많이 어렵다. 예를들면 맥도날드 햄버거는「マクドナルド　ハンバーガー」라고 하고 커피를「コーヒー」라고 한다. 그리고 칠레산 와인을「チリ産」이라고 한다.

제 24 과

夜(よる)は　お酒(さけ)を　飲(の)みながら 朝(あさ)まで　話(はなし)を　します。

응용 회화 ①

学生食堂で
학생식당에서

39

田中(たなか): 今度(こんど)の　合宿(がっしゅく)、行(い)きますか。

パク: 合宿(がっしゅく)で　どんな　ことを　しますか。

田中(たなか): 昼(ひる)は　テニスを　します。夜(よる)は　お酒(さけ)を　飲(の)みながら　朝(あさ)まで　話(はなし)を　します。

パク: えっ、朝(あさ)までですか。

田中(たなか): ええ、朝(あさ)まで　飲(の)みますよ。楽(たの)しいですよ。

パク: ええっ！なんだか　行(い)きたくなく　なりました。
少(すこ)しの　お酒(さけ)で　頭(あたま)が　痛(いた)く　なりますから。

これだけは！単語	どんな 어떤 | 昼(ひる) 낮 | テニス 테니스 | 夜(よる) 밤 | 飲(の)む 마시다 | 朝(あさ) 아침 | 話(はなし) 이야기 | 楽(たの)しい 즐겁다 | 少(すこ)し 조금 | 頭(あたま) 머리 | 痛(いた)い 아프다
チャレンジ！単語	なんだか 왠지
情報としての単語	合宿(がっしゅく) 합숙

응용 회화 ②

教室で
교실에서

40

パク：田中さん、「単位を　落とす」って、どういう　意味ですか。

田中：ああ、その　科目で　Fを　取るという　意味ですよ。

パク：じゃ、「科目を　切る」って、どういう　意味ですか。

田中：例えば、ある　科目の　成績が　途中で　心配に　なります。

その　とき、その　科目の　登録を　やめる　ことです。

これだけは！単語　途中 도중 ｜ 心配だ 걱정이다 ｜ やめる 그만두다

チャレンジ！単語　単位 학점 ｜ (単位を) 落とす (학점을) 따지 못하다 ｜ ～って ~라는 것은, ~(이)란
科目 과목 ｜ (単位を) 取る (학점을) 따다 ｜ ～という(意味) ~라고 하는 (의미)
(科目を) 切る (과목을) 중도포기하다 ｜ 成績 성적

情報としての単語　F(成績のランク) F(성적 등급) ｜ 登録 등록

예문

41

1

将来(しょうらい)、何(なに)に　なりたいですか。

私(わたし)は　会社(かいしゃ)の　社長(しゃちょう)に なりたいです。

2

もう　３月(がつ)ですね。

ええ、だいぶ　あたたかく なりましたね。

3

部屋(へや)が　きれいに　なりましたね。

ええ、昨日(きのう)　そうじしました。

4

この　サンドイッチ、
おいしいですね。

ええ、料理(りょうり)の　本(ほん)を　見(み)ながら
作(つく)りました。

5

イケメンって　どういう
意味(いみ)ですか。

かっこいい　男(おとこ)の　人(ひと)と　いう
意味(いみ)です。

문형연습

1 **다음을 보기와 같이 바꾸시오.**

________________ なりました。

보기 **先生** → 先生に なりました。

1) 3月 →

2) 16歳 →

3) 冬 →

4) 3年生 →

보기 **安い** → 安く なりました。

1) おもしろい →

2) いい →

3) 忙しい →

4) 寒い →

보기 **静かだ** → 静かに なりました。

1) きれいだ →

2) ハンサムだ →

3) 上手だ →

4) にぎやかだ →

□ 3月(がつ) 3월 □ 16歳(さい) 16세 □ 3年生(ねんせい) 3학년 □ 忙(いそが)しい 바쁘다 □ ハンサムだ 핸섬하다
□ にぎやかだ 번화하다

2 다음 두 문장을 보기와 같이 한 문장으로 연결하세요.

＿＿＿＿＿から ＿＿＿＿＿＿＿＿なりました。

보기 **毎日　練習しました　＋　英語が　上手です**

→ 毎日　練習しましたから　英語が　上手に　なりました。

1) ダイエットを　しました　＋　スリムです　→

2) 月末です　＋　忙しいです　→

3) ゆっくり　休みました　＋　元気です　→

4) 部屋を　掃除しました　＋　きれいです　→

3 다음을 보기와 같이 한 문장으로 만드세요.

＿＿＿＿＿ながら ＿＿＿＿＿＿＿＿ます。

보기 新聞を　読みながら　コーヒーを　飲みます。

1) 

2) 

3) 

4) 

□ ダイエット 다이어트　□ スリムだ 날씬하다　□ 月末 월말　□ ゆっくり 충분히, 넉넉히
□ 掃除する 청소하다　□ 歩く 걷다　□ 電話する 전화하다　□ お菓子 과자　□ 歌う 노래하다

회화연습

1 보기

A: 「歩きたばこ」って　何(なん)ですか。

B: 歩きながら　たばこを　吸(す)う　ことです。

1) ポイ捨て　　　2) ネット

2 다음 그림을 보고 짝과 함께 그림이 뜻하는 것이 무엇인지 얘기해 보세요.

보기

A: あのう、すみません。あれは　どういう　意味ですか。

B: ああ、あれですか。

「車を　止める　ところ」と　いう　意味です。

A: ああ、そうですか。どうも。

1)

2)

3)

3 다음 두 장의 사진을 보고 달라진 것이 무엇인지 이야기해 보세요.

보기

車が　多く　なりました。

1)

2)

3)

4)

□ ポイ捨(す)て 슬쩍 버림　□ ネット 인터넷　□ 止(や)める (차 등을) 세우다　□ ところ 곳
□ タクシー乗(の)り場(ば) 택시승강장

듣기연습

42

1 **질문을 잘 듣고 알맞은 대답을 쓰세요. (질문만 나옵니다. 질문을 잘 듣고 자신의 생각이나 의견을 써 보세요.)**

보기

歩きながら　たばこを　吸うことです。

1)

2)

3)

4)

2 **두 사람의 대화 내용을 잘 듣고 내용이 맞으면 ○, 틀리면 X를 하세요.**

보기

(　○　)

1) (　　　　)

2) (　　　　)

3) (　　　　)

3 **두 사람의 대화 내용을 잘 듣고, 주어진 질문의 내용이 맞으면 ◯, 틀리면 X를 하세요.**

1) 二人は　環境汚染が　心配です。(　　　　)

2) 環境問題の　中で、一番　大きな　問題は　車です。(　　　　)

3) 最近は　ゴミ問題は　なくなりました。(　　　　)

4)「歩きたばこ」は　歩きながら　たばこを　吸う　ことです。(　　　　)

□ 趣味(しゅみ) 취미　□ 将来(しょうらい) 장래　□ 秋(あき) 가을　□ いろいろ 여러 가지　□ 毎朝(まいあさ) 매일 아침　□ だいたい 대체로
□ 起(お)きる 일어나다　□ お母(かあ)さん 엄마(자기 엄마를 부를 때)　□ 遊(あそ)ぶ 놀다　□ やっぱり 역시　□ 最近(さいきん) 최근
□ 環境(かんきょう) 환경　□ 汚染(おせん) 오염　□ 深刻(しんこく)だ 심각하다　□ 特(とく)に 특히　□ 理由(りゆう) 이유　□ ゴミ 쓰레기　□ 問題(もんだい) 문제
□ なんか 따위　□ 街(まち) 거리　□ きたない 더럽다　□ 禁煙(きんえん) 금연　□ 大事(だいじ)だ 중요하다

한국과는 달라요!

일본인의 언어행동

「申(もう)し訳(わけ)ありません」

일본에서는 명백히 자신에게 실수가 있는데도 불구하고, 변명이나 자신의 사정만을 늘어놓는 것을 싫어한다. 진실로 사죄를 해야 하는 경우라면, 가벼운 사과 표현인 「すみません」보다는, 정중히 "죄송합니다. 실은... (申し訳ありません。実は…)"라는 표현을 사용해야 한다.

한편, "죄송합니다.(申し訳ありません！)"와 같이 말끝을 강하게 하면, 사과하고 있으니까 불만 없겠지! 라는 인상을 줄 수도 있으므로, 말끝을 내리는 것이 포인트이다.

제25과

にぎやかで楽(たの)しかったです。

이 과의 키워드

25, 26과

43

京都(きょうと)

お祭(まつ)り

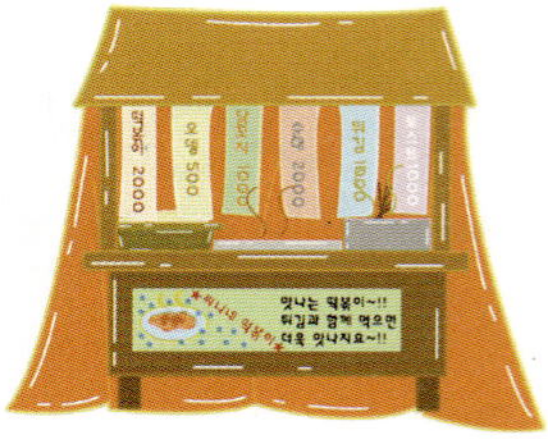

屋台(やたい)

疲(つか)れました

夏休(なつやす)み

計画(けいかく)

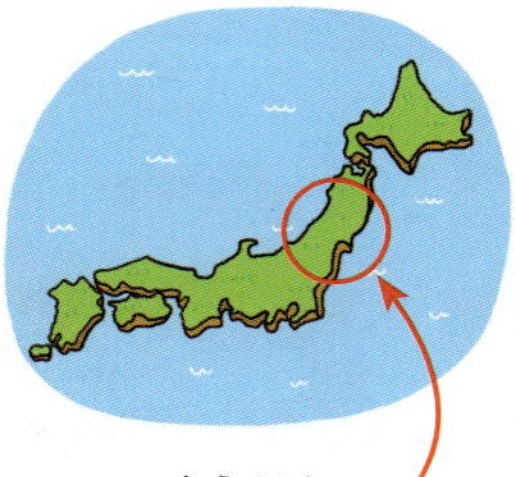

東北(とうほく)

ポスター

문형

44

1. 店に　入って、コーヒーを　飲んで、
それから　回りましょうか。

2. 仕事が　終わってから、話しましょうか。

3. 大きくて、きれいです(ね)。

4. にぎやかで、楽しかったです。

기본회화

祇園祭の　会場で

기온마쯔리 회장에서

45

キム： 人が　多いですね。

鈴木： ええ。祇園祭は　有名な　お祭りですからね。

キムさん、日本の　お祭りは　初めてですか。

キム： 去年、浅草の　お祭りを　見ました。店や　屋台が　たくさん

ありました。にぎやかで、楽しかったです。

鈴木さん、鈴木さん、あれは　何ですか？

鈴木： ああ、「やまほこ」です。

キム： ああ、大きくて、きれいですね。

鈴木： ちょっと　疲れましたね。

キム： そうですね。店に　入って、コーヒーを　飲んで、

それから　回りましょうか。

鈴木： ええ、そうしましょう。

これだけは！単語　人 사람 | 多い 많다 | 有名だ 유명하다 | 初めて 처음, 처음으로 | 去年 작년 | 見る 보다
たくさん 많은, 많이 | にぎやかだ 번화하다 | 楽しい 즐겁다 | 大きい 크다
きれいだ 예쁘다, 아름답다 | 疲れる 지치다 | ちょっと 잠깐, 잠시 | 店 가게
入る 들어가다 | コーヒー 커피 | 飲む 마시다 | それから 그리고, 그리고 나서

チャレンジ！単語　(お)祭り 마쓰리, 축제 | 回る 돌다

情報としての単語　京都 교토(지명) | 祇園祭 기온마쯔리 | 浅草 아사쿠사(지명) | 屋台 포장마차
山鉾 산 모양의 장식대 위에 창・칼 등을 꽂은 가마

해설

1 「Aて、Bて、それから、Cます」 A하고 B하고 그리고 나서 C합니다

여러 동작, 행위를 순서에 따라 나타낼 때 쓰이는 표현으로 A,B에는 동사의 て형, C에는 동사의 ます형이 쓰인다.

a. 朝起(あさお)きて、ご飯(はん)を 食(た)べて、それから、学校(がっこう)へ 行(い)きます。

아침에 일어나서, 밥을 먹고, (그리고 나서) 학교에 갑니다.

b. 友(とも)だちに 会(あ)って、映画(えいが)を 見(み)て、それから、食事(しょくじ)に 行(い)きます。

친구를 만나서, 영화를 보고, (그리고 나서) 식사하러 갑니다.

※ 동사의 종류에 따라 て형은 다음과 같은 형태가 된다.
(cf.동사의 종류에 대한 설명은『おもしろい日本語1』166p 참조)

동사 종류	基本形/辞書形	ます形	て形	
1그룹	買う	買います	買って	＜例外＞ 行く 行きます ↓ 行って
	待つ	待ちます	待って	
	ある	あります	あって	
	飲む	飲みます	飲んで	
	飛ぶ	飛びます	飛んで	
	死ぬ	死にます	死んで	
	書く	書きます	書いて	
	泳ぐ	泳ぎます	泳いで	
	話す	話します	話して	
2그룹	見る	見ます	見て	2, 3그룹동사의 て형은 ます형과 같은 형태임
	食べる	食べます	食べて	
3그룹	する	します	して	
	来る	来ます	来て	

2 「Aてから、Bます」 A하고 나서 B합니다

「Aて、Bます」에 비해, A를 먼저 하고 B를 한다는 A와 B의 순서를 강조할 때 쓰인다. 「Aてから」의 A에는 동사의 て형이 접속된다.

a. 図書館で 本を 返してから 食べに 行きませんか。

도서관에서 책을 반납하고 나서 먹으러 가지 않을래요?

b. ケーキを 買ってから 田中さんの 家へ 遊びに 行きました。

케이크를 사고 나서 다나카 씨 댁에 놀러 갔습니다.

3 (イ형용사)くて、(イ형용사 또는 ナ형용사)です (ナ형용사)で、(イ형용사 또는 ナ형용사)です ~하고, ~합니다

두 가지 이상의 성질, 상태를 나열할 때 쓰이는 표현이다. ⓒ와 같이 앞, 뒤에 쓰이는 イ형용사와 ナ형용사의 의미에 따라, 병렬관계나 이유, 양쪽으로 해석되기도 한다.

a. この ペンは 細くて 長いです。 이 펜은 가늘고 깁니다.

b. この 町は 静かで きれいです。 이 마을은 조용하고 깨끗합니다.

c. ここは 静かで いいですね。 여기는 조용하고 좋네요. 여기는 조용해서 좋네요.

「ち」와 「つ」의 발음

한국인들이 가장 발음하기 어려운 「ち」「つ」발음 연습해보기

1. (열명의 인디안) 노래를 불러봅시다.

ひとつ、ふたつ、みっつ　おちた
よっつ、いつつ、むっつ　おちた
ななつ、やっつ、ここのつ　おちた　ココナツおちてきた

2. 美しいものを　見て　美しく　思う　あなたの　心が　美しい。
(아름다운 것을 보고 아름답다고 생각하는 당신의 마음이 아름답군요)

3. つまづいたって　いいじゃ　ないか　人間だもの。
(실패했어도 괜찮지 않은가 인간이기 때문에)

제26과

青森(あおもり)へ　行(い)って ねぶた祭(まつ)りを 見(み)て…。

응용 회화 ①

会社で
회사에서

46

鈴木：キムさん、夏休みの　計画を　立てましたか。

キム：いいえ、まだ…。

鈴木：じゃ、私と　東北へ　夏祭りを　見に　行きませんか。

キム：東北？

鈴木：ええ、8月に　有名な　お祭りが　あります。青森へ　行って、ねぶた祭りを　見て、…仙台では　七夕祭りを　見て…。

キム：いいですね。

鈴木：じゃ、仕事が　終わってから　話しましょうか。

これだけは！単語　夏休み 여름방학 ｜ まだ 아직 ｜ 見る 보다 ｜ 行く 가다 ｜ 8月 8월 ｜ 有名だ 유명하다 ｜ ある 있다 ｜ 仕事 일 ｜ 終わる 끝나다 ｜ 話す 말하다, 이야기 하다

チャレンジ！単語　計画 계획 ｜ 計画を　立てる 계획을 세우다

情報としての単語　東北 동북지방 ｜ 夏祭り 여름 축제 ｜ 青森 아오모리(지명) ｜ ねぶた祭り 네부타 마쓰리 ｜ 仙台 센다이(지명) ｜ 七夕祭り 칠석제

응용 회화 ②

会社(かいしゃ)の 近(ちか)くの 駅(えき)で
회사 근처 역에서

47

キム：鈴木(すずき)さん、このポスターの漢字(かんじ)…「？？おどり…？」

鈴木(すずき)：ああ、「盆踊(ぼんおど)り」ですよ。この 写真(しゃしん)の 踊(おど)りです。

キム：踊(おど)りですか？

鈴木(すずき)：ええ。お盆(ぼん)の 頃(ころ)の 夏祭(なつまつ)りの 一(ひと)つですよ。（포스터를 보고）

ああ、来週(らいしゅう)ですね。

キムさん、いっしょに 参加(さんか)しませんか。

キム：…でも 私(わたし)、日本(にほん)の 踊(おど)りは わかりません。

鈴木(すずき)：大丈夫(だいじょうぶ)、大丈夫(だいじょうぶ)。日本人(にほんじん)も よく わかりませんから。屋台(やたい)でおいしい ものを 食(た)べて、踊(おど)って、ストレス発散(はっさん) しましょう。

これだけは！単語 漢字(かんじ) 한자 | 写真(しゃしん) 사진 | 一(ひと)つ 하나, 한 개 | 来週(らいしゅう) 다음 주 | いっしょに 함께
でも 그래도, 하지만 | わかる 알다 | 大丈夫(だいじょうぶ)だ 괜찮다 | おいしい 맛있다 | 食(た)べる 먹다

チャレンジ！単語 ポスター 포스터 | 踊(おど)り (踊(おど)る) 춤(춤추다) | 頃(ころ) 경 | 参加(さんか)する 참가하다

情報としての単語 盆踊(ぼんおど)り 본오도리 | お盆(ぼん) 일본 연중행사의 하나. 8월 15일 전후 | ストレス 스트레스
(ストレスを)発散(はっさん)する (스트레스를) 발산하다

예문

48

1

学食(がくしょく)は　どうですか。

安(やす)くて、おいしいですよ。

2

京都(きょうと)は　はじめてですか。

はい。静(しず)かで　きれいな町(まち)ですね。

3

新宿(しんじゅく)へ　行(い)きましたか。

ええ。人(ひと)が　多(おお)くて、にぎやかでした。

4

夜(よる)は　何(なに)を　しますか。

テレビを　見(み)て、宿題(しゅくだい)を
して、それから　Eメールの
チェックを　して、寝(ね)ます。

5

疲(つか)れましたね。

ええ。あそこで　休(やす)んでから、
行(い)きましょう。

문형연습

1 **다음을 보기와 같이 바꾸시오.**

보기 **飲む** → 飲んで

1) 行く →　　　　2) 食べる →
3) くる →　　　　4) 話す →
5) 待つ →　　　　6) 見る →

2 **다음 그림을 보고 밑줄 친 곳에 들어갈 형용사를 아래에서 골라 적절한 형태로 바꾸어 넣으세요.**

________は ________て(で) ________です。

보기

キム

1)

木村

2)

鈴木

3)

パク

4)

吉田

보기 キムさんの　かばんは　大きくて　新しいです。

1) 木村さんの　かばんは ____________________です。
2) 鈴木(すずき)さんの　かばんは ____________________です。
3) パクさんの　かばんは ____________________です。
4) 吉田(よしだ)さんの　かばんは ____________________です。

大きい　小さい　古い　安い　丈夫だ　新しい　黒い　高い　かわいい　きたない

□ 待(ま)つ 기다리다　□ 大(おお)きい 크다　□ 小(ちい)さい 작다　□ 古(ふる)い 낡다　□ 丈夫(じょうぶ)だ 튼튼하다　□ 黒(くろ)い 검다

2 ＿＿＿＿＿は ＿＿＿＿て ＿＿＿＿ます。

기무라 씨의 하루

午前６時

→

→

→

7時半

→

→

8時

→

9時～午後6時

午後６時

보기 木村さんは　朝　起きて、運動を　します。

1) 木村さんは　朝ごはんを　＿＿＿＿＿＿＿、顔を　＿＿＿＿＿＿＿。

2) 木村さんは　７時半に　家を　＿＿＿＿＿＿＿、自転車に　＿＿＿＿＿＿＿、会社へ　＿＿＿。

3) 木村さんは　８時に　会社に　＿＿＿＿＿＿＿、新聞を　＿＿＿＿＿＿＿。

4) 木村さんは　９時から　６時まで　仕事を　＿＿＿＿＿＿＿、６時に家へ　＿＿＿＿＿＿＿。

문형연습

〈요시다 씨의 하루〉

午前7時

→

→

→

8時半

→

9時～12時

→

12時

→

午後1時

5時

→

보기 吉田さんは　朝　起きて、歯を　磨きます。

1) 吉田さんは　コーヒーを ＿＿＿＿＿＿、テレビを ＿＿＿＿＿＿。

2) 吉田さんは　8時半に　家を ＿＿＿＿＿＿、＿＿＿＿＿＿、学校へ ＿＿＿＿＿＿。

3) 吉田さんは　9時から　12時まで＿＿＿＿＿＿、12時に　学食で　昼ごはんを

＿＿＿＿＿＿。

4) 吉田さんは　1時に　図書館へ ＿＿＿＿＿＿、本を ＿＿＿＿＿＿。

5) 吉田さんは　5時に　友達に ＿＿＿＿＿＿、映画館へ ＿＿＿＿＿＿。

6) 吉田さんは　映画館で　ポップコーンを ＿＿＿＿＿＿、コーラを ＿＿＿＿＿＿、

映画を ＿＿＿＿＿＿。

□ 顔(かお) 얼굴　□ 洗(あら)う 씻다　□ 出(で)る 나가(오)다　□ 自転車(じてんしゃ) 자전거　□ 着(つ)く 도착하다　□ 仕事(しごと) 일

□ 帰(かえ)る 돌아가다　□ 歯(は) 이　□ 磨(みが)く 닦다　□ 学食(がくしょく) 학생식당　□ ポップコーン 팝콘　□ コーラ 콜라

회화연습

1

보기

A : 「キョンジュ」は　どんな　ところですか。

B : とても　静かで　きれいな　ところです。

1) 鈴木さん、人 / ハンサムだ、まじめだ
2) 「サムゲタン」、食べ物 / 安い、体に　いい
3) ジャズ、音楽 / 静かだ、きれいだ
4) 先生の　部屋、部屋 / 広い、明るい

2 짝과 함께 어제 무엇을 했는지 얘기해 보세요.

보기

A: きのうは　何を　しましたか。

B: 「ミョンドン」へ　行きました。

A: 「ミョンドン」で　何を　しましたか。

B: 友達に　あって、昼ごはんを　食べて　それから　コーヒーを　飲みました。

A: そうですか。よかったですね（大変でしたね）。

1) 家に　いる / 部屋の　掃除を　する / 洗濯を　する / アイロンを　かける
2) パーティーに　行く / いろんな人と　会う / 話す / 踊る
3) 図書館に　行く / 本を　読む / レポートを　書く / 勉強する
4) 遊園地に　行く / 乗り物に　乗る / ゲームを　する / 写真を　撮る
5) ? / ? / ? / ? (자유롭게 만들어 보세요)

□ まじめだ 성실하다　□ 体(からだ)(体(からだ)に　いい) 몸(몸에 좋다)　□ ジャズ 재즈　□ 広(ひろ)い 넓다　□ 明(あか)るい 밝다
□ ミョンドン 명동(지명)　□ 大変(たいへん)だ 힘들다　□ 洗濯(せんたく) 세탁
□ アイロン(アイロンを　かける) 다림질(다림질을 하다)　□ いろんな 여러 가지　□ 踊(おど)る 춤추다
□ レポート 리포트　□ 書(か)く 쓰다　□ 遊園地(ゆうえんち) 유원지　□ ゲーム 게임　□ (写真を)　撮(と)る (사진을) 찍다

회화연습

3 친구들에게 물어보세요.

보기1

A: 私は　ご飯を　食べてから　歯を　磨きます。

B: 私も　おなじです。

보기2

A: 私は　ご飯を　食べてから　歯を　磨きます。

B: そうですか。私は　歯を　磨いてから　ご飯を　食べます。

1) 歯を　磨く、顔を　洗う
2) 運動(うんどう)を　する、ご飯を　食べる
3) 宿題(しゅくだい)を　する、テレビを　見る

□ 同(おな)じだ 같다　□ 宿題(しゅくだい) 숙제

듣기연습

49

1 질문을 잘 듣고 알맞은 대답을 쓰세요. (질문만 나옵니다. 질문을 잘 듣고 자신의 생각이나 의견을 써 보세요.)

보기

顔を　洗って、朝ごはんを　食べます。

1)

2)

3)

4)

2 두 사람의 대화 내용을 잘 듣고 내용이 맞으면 O, 틀리면 X를 하세요.

보기

(　○　)

1) (　　　　)

2) (　　　　)

3) (　　　　)

□ どうやって 어떻게(방법을 물을 때)　□ テーブル 테이블　□ つり(つりを　する) 낚시(낚시를 하다)
□ だいたい 대체로　□ 休(やす)む 쉬다　□ タイプ 타입　□ 優(やさ)しい 상냥하다

듣기연습

3 **다음 문장을 잘 듣고, 기무라 씨가 어제 한 일을 순서대로 나열해 보세요.**

(　　　)→(　　　)→(　　　)→(　　　)→(　　　)→(　　　)

1)

2)

3)

4)

5)

6)

□ 私(わたし)たち 우리들　□ 昼(ひる) 낮　□ 近(ちか)く 근처　□ 喫茶店(きっさてん) 다방, 찻집　□ かき氷(ごおり) 팥빙수　□ 1日(にち) 하루

한국과는 달라요!

일본인의 언어행동

「～てください」는 명령? 의뢰?

한국인 학습자들은 권유나 요청을 표현할 때, “이것 드세요.(これ、飲んでください)” 등과 같이, 「～て　ください」를 빈번히 사용하는 것을 들을 수 있다. 이 표현은 한국어로 번역하면 정중하게 들릴 수 있으나, 일본어 표현으로는 명령에 가까우므로, 친분관계에 따른 주의가 필요하다.

권유할 때는 「どうぞ」、「いかがですか」를 사용하는 것이 무난하다.

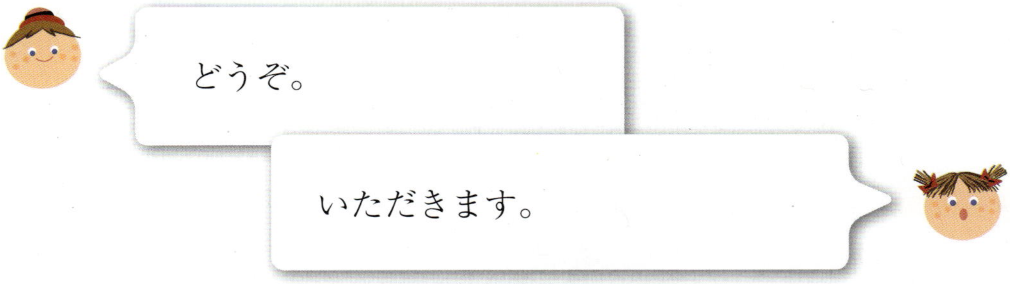

부록

듣기연습 스크립트

제14과

1. **보기)** A: 昨日(きのう)、何(なに)を しましたか。
B: 六本木(ろっぽんぎ)ヒルズに 行(い)きました。

1) A: そこで 何(なに)を しましたか。
B: 夜景(やけい)を 見(み)ました。

2) A: 一人(ひとり)で 行(い)きましたか。
B: はい。

3) A: 夕食(ゆうしょく)は 何(なに)を 食(た)べましたか。
B: 何(なに)も 食(た)べませんでした。

4) A: 何(なに)か、買(か)いましたか。
B: はい、展望台(てんぼうだい)で 葉書(はがき)と シャーペンを 買(か)いました。

2. **보기)** A: 田中(たなか)さんは 週末(しゅうまつ)、何(なに)を しましたか。
B: 遊園地(ゆうえんち)へ 行(い)きました。そしてジェットコースターに 乗(の)りました。
A: それから 何(なに)を しましたか。
B: 写真(しゃしん)を 撮(と)りました。

1) A: 本田(ほんだ)さんは 昨日(きのう)、何時(なんじ)に 家(いえ)へ帰(かえ)りましたか。
B: 5時(じ)に 帰(かえ)りました。
A: それから 何(なに)を しましたか。
B: まずは 宿題(しゅくだい)を しました。それから、夕食(ゆうしょく)を 食(た)べました。

2) A: 木村(きむら)さんは、先週(せんしゅう)の 土曜日(どようび)、何(なに)を しましたか。
B: 新宿(しんじゅく)へ 行(い)きました。
A: それから 何(なに)を しましたか。
B: 友達(ともだち)に 会(あ)いました。
A: それから 何(なに)を しましたか。
B: 居酒屋(いざかや)へ 行(い)きました。それから お酒(さけ)を 飲(の)みました。

3) A: ユミさん、日曜日(にちようび)、どこかへ行(い)きましたか。
B: いいえ、どこへも 行(い)きませんでした。
A: 家(いえ)で 何(なに)を しましたか。
B: 部屋(へや)を 掃除(そうじ)しました。
A: それから 何(なに)を しましたか。
B: 友達(ともだち)に メールを 送(おく)りました。それから、日本語(にほんご)の 勉強(べんきょう)を しました。

3. 木村：これから　調査結果を　発表します。まず、食べ物です。韓国人は　肉が　好きですが、日本人は　魚が　好きです。それから、飲み物は、韓国人は　ワインが　好きですが、日本人は　ビールが　好きです。
次に、スポーツです。これも　おもしろいですね。韓国人は　サッカーが　好きですが、日本人は　野球が好きです。
最後は、日常生活です。韓国人は、朝、ご飯を　食べますが、日本人はパンを　食べます。
それから、韓国人は　コーヒーを飲みますが、日本人は　紅茶を　飲みます。

제16과

1. 보기) A: 田中さんは　サッカーと　水泳と　どちらが　好きですか。
B: 私は　サッカーの　ほうが　好きです。

1) A: 電車と　バスと　どちらが　便利ですか。
B: 電車の　ほうが　便利です。

2) A: 東京と　北京と　どちらが　近いですか 。
B: 北京の　ほうが　近いです。

3) A: 果物の　中で　何が　一番　好きですか。
B: みかんが　一番　好きです。

4) A: 外国語の　中で　何が　一番　得意ですか。
B: 日本語が　一番　得意です。

2. 보기) A: きのうの　天気は　どうでしたか。
B: とても　よかったです。

1) A: 旅行は　楽しかったですか。
B: いいえ、あまり　楽しく　なかったです。

2) A: 東京は　きれいでしたか。
B: いいえ、あまり　きれいじゃありませんでした。

3) A: 交通は　便利でしたか。
B: はい、とても　便利でしたが、高かったです。

4) A: 食(た)べ物(もの)は　どうでしたか。

B: とても　おいしかったです。

3. 夏休(なつやす)みに　友達(ともだち)と　北海道(ほっかいどう)へ　行(い)きました。飛行機(ひこうき)で　2時間(じかん)くらい　かかりました。北海道(ほっかいどう)の　8月(はちがつ)は　ソウルより　暑(あつ)く　なかったです。毎日(まいにち)　晴(は)れでした。
北海道(ほっかいどう)は　海産物(かいさんぶつ)が　有名(ゆうめい)です。私(わたし)は　海産物(かいさんぶつ)の　中(なか)で　えびが　一番(いちばん)　好(す)きです。
私(わたし)たちは　レストランで　かにと　えびを　たくさん　食(た)べました。えびは　ソウルより　少(すこ)し　高(たか)かったですが、とても　おいしかったです。ホテルも　きれいでした。写真(しゃしん)も　たくさん　撮(と)りました。本当(ほんとう)に　楽(たの)しい　旅行(りょこう)でした。

보기) 私(わたし)は　夏休(なつやす)みに　東京(とうきょう)へ　行(い)きました。

1) 北海道(ほっかいどう)の　ほうが　ソウルより　暑(あつ)く　なかったです。

2) 天気(てんき)は　あまり　よく　なかったです。

3) 私(わたし)は　海産物(かいさんぶつ)の　中(なか)で　かにが　一番(いちばん)　好(す)きです。

4) えびは　ソウルより　高(たか)かったです。

5) ホテルは　あまり　きれいじゃ　ありませんでした。

第18과

1. 보기) A: 田中(たなか)さん、映画(えいが)を　見(み)ませんか。

B: いいですね。見(み)ましょう。

1) A: 吉田(よしだ)さん、いっしょに　コンサートに　行きませんか。

B: いいですね。行(い)きましょう。

2) A: 木村(きむら)さん、今晩(こんばん)、お酒(さけ)を　飲(の)みませんか。

B: お酒(さけ)ですか。お酒(さけ)は　ちょっ　と。

3) A: 鈴木(すずき)さん、テニスを　しませんか。

B: いいですね。しましょう。

4) A: 本田(ほんだ)さん、いっしょに　ご飯(はん)を　食(た)べませんか。

B: すみません。もう　食(た)べました。

2. 보기) A: 田中さん、昨日は　どこへ　行きましたか。

B: あ、昨日ですか。昨日は、イ・ハナの　サインを　もらいに　渋谷へ　行きました。

1) A: 本田さん、今、どこへ　行きますか。

B: 本を　返しに　図書館へ　行きます。

2) A: ヨナさん、来月、どこへ　行きますか。

B: : スケートの　練習に　カナダへ　行きます。

3) A: パクさん、夕べ、どこへ　行きましたか。

B: 母を　迎えに　空港へ　行きました。

3. 1) パク: 先生、これ、韓国の　キムチですけど、奥さんに　さしあげて　ください。

先生: や、どうも　ありがとう。

2) パク: 木村さん、そのくつ、すてきですね。

木村: あ、ありがとう。実は、去年の　誕生日に　彼女に　もらいました。

3) 木村: パクさん、お誕生日、おめでとうございます。これ、プレゼントです。どうぞ。

パク: どうも　ありがとうございます。かわいい　シャーペンですね。

4) 田中: 本田さん、卒業、おめでとうございます。

本田: 田中さん、どうも　ありがとうございます。

田中: これ、プレゼント。キムさんと　いっしょに　買いました。

本田: これは、どうも。わあ、すてきな　ネクタイですね。

제20과

1. 보기) A: 本田さんは　今　どこに　いますか。

B: 図書室に　います。

1) A: 木村さんは 今 どこに いますか。

B: 家に います。

2) A: 鈴木さんの 家に ペットはいますか。

B: はい、猫が います。

3) A: コンビニは どこに ありますか。

B: 銀行の となりに あります。

4) A: パクさんの 家の ちかくに何が ありますか。

B: スーパーや 郵便局などが あります。

2. 보기) A: すみません、田中さん いらっしゃいますか。

B: あ、田中は 今 いません。朝はやく 学校へ 行きました。

＊ 田中さんは 今 どこに いますか。

1) A: すみません、この 本屋に 村上春樹の 「1Q84」は ありますか。

B: はい、あの 棚の 上ですよ。

A: あ、ありませんけど。

B: そうですか。…あ、あそこ。アニメコーナーの 前です。

A: あ、どうも。

＊ 「1Q84」は どこに ありますか。

2) A: すみません、この デパートに、くつ売り場は ありますか。

B: はい、1階の 眼鏡売り場の 隣に あります。

A: あ、どうも ありがとうございます。

＊ くつ売り場は どこに ありますか。

3) A: もしもし、べさんですか。

B: はい、田中さん、今 どこですか。

A: 今、駅の 前です。

B: あ、そうですか。駅の 右にコンビニが ありますけど…。

A; コンビニ、コンビニ、あ！ あります。

B : その となりに 花屋が ありますね。

A: はい、白い ビルですね。

B: そうです。その ビルの 4階が 私の 家です。

A: 分かりました。今 すぐ 行き
ます。

＊ べさんの 家は どこですか。

3. 木村: パクさん、パクさんの 家に ペットは いますか 。

パク: はい、犬と 猫が いますよ。私は ペットが 大好きです。

木村: 犬と 猫ですか。大変ですね。

パク: ええ。でも 本当に かわいいですよ。

木村: あと、パソコンは ありますか。

パク: はい、ノートパソコンが 1台 あります。

木村: テレビも ありますか。

パク: いいえ、テレビは ありません。私は テレビは 好きじゃありません。その かわり、音楽は 好きですから、CDプレイヤーは あります。

木村: あ、そうですか。ベッドは ありますか。

パク: いいえ、私は ベッドより 布団が 好きです。

木村: あ、そうですか。でも、不便ですよね。

パク: いいえ、あまり 不便じゃ ありませんよ。

제22과

1. 보기) 今 何が 一番 ほしいですか。

1) 週末は 何を したいですか。

2) あした パーティーが あります。誰と 行きたいですか。

3) 今晩 飲み会が あります。ビールと ワインと どちらが 飲みたいですか。

4) あした KBSへ 行きます。誰に 一番 会いたいですか。

2. 보기) A: あしたは 休みですね。キムさんは 何を したいですか。

B: そうですね。カラオケに 行きたいです。

A: 私も 行きたいです。いっしょに 行きましょうか。

B: はい、そうしましょう。

＊ キムさんは あした カラオケに 行きます。

1) A: 木村さんは 今 何が 一番 ほしいですか。

B: そうですね。かばんが 古いですから、新しい かばんが ほしいですね。

＊ 木村さんが 今 一番 ほしい ものは カメラです。

2) A: 何に する？

B: 私、チーズピザが 食べたいな。

A: 私は サンドイッチ。

B: じゃ、注文しますね。

＊ 二人は ピザと スパゲッティを 注文します。

3) A: あ、明日、給料日だ。

B: あ、私もです。本田さん、何に 使いますか。

A: 私は 貯金。木村さんは。

B: 私は、新しい コンピューターが ほしいです。

＊ 木村さんは 給料で コンピューターを 買います。

2. 先生: みなさん、こんにちは。今日はみなさんの 考えを 聞きたいです。韓国の 食べ物の 中で 一番 おいしいものは 何ですか。私が 言いますから、手を あげて くださいね。

まずは、「サムゲタン」、１、２、３、…10、10人。

次は、「トッポッキ」、１、２、３… ４人。

私は「トッポッキ」が 大好きですけど、みなさんには 辛いかな。

いいです。次は、「サムギョップサル」、１、２、３、…７人。

最後です。「チヂミ」が 好きな人。１、２、３、… ８人。

それでは、次の 質問です。韓国の 食べ物の 中で 一番 嫌いな ものは なんですか。これも 私が 言いますから 手を あげて ください。

まずは、「ポンデギ」です。

１、２、３、…10、15人！

多いですね。私も あまり 好きじゃ ありません。(笑)

次は「スンデ」、１、２、３、…10、10人。

他に 何が ありますか。

あ、「トッポッキ」ですか。

はい、二人ね。他には？あ、「ムック？」これも 二人ね。じゃ よく 分かりました。今度 いっしょに サムゲタンを食べに 行きましょうよ。

제24과

1. 보기)「歩きたばこ」って 何ですか。

1) あなたの 趣味は 何ですか。

2) あなたは 将来 何に なりたいですか。

3) あなたは ご飯を 食べながら テレビを 見ますか。

4) あなたは 映画館で 映画を 見ながら 何を しますか。

2. 보기) A: おはようございます。

B: あ、鈴木さん、おはようございます。

A: 最近、寒く なりましたね。

B: そうですね。もうすぐ 冬ですね。

＊ 今は 秋です。

1) A: 木村さんの 趣味は 何ですか。

B: そうですね。いろいろ ありますが。まあ、映画を 見る ことですね。

A: 林さんは？

B: 私も 木村さんと 同じです。

A: あ、そうですか。今度 一緒に 行きましょう。

＊ 木村さんの 趣味は 本を 読むことです。

2) A: キムさんは 毎朝 何時に 起きますか。

B: そうですね。だいたい 7時に起きます。

A: 朝ごはんは 食べますか。

B: いいえ、朝ごはんは 食べません。コーヒーを 飲みながら新聞を 読みます。

＊ キムさんは 毎朝 コーヒーを飲みながら 音楽を 聞きます。

3) A: あ、お母さん！部屋 きれいに なったね。

B: うん。掃除したからね。

A: どうして 掃除？

B: 今日は 吉田さんが 遊びに 来るから。

A: あ、やっぱり!!

＊ お母さんは 部屋の 掃除が あまり 好きじゃ ありません。

3. A: 最近、環境汚染が 深刻ですね。

B: そうですね。ソウル市内は 特に 深刻ですね。

A: 東京と 同じですね。キムさん、理由は 何でしょうかね。

B: 車ですね。昔は 車が あまり ありませんでした。最近は 車が 多く なりました。

A: そうですね。それから ゴミも 問題ですね。

B: そうですね。

A: 特に「歩きたばこ」なんか 問題ですね。

B: えっ、木村さん、「歩きたばこ」って 何ですか。

A: 歩きながら たばこを 吸うことです。それで 街が きたなく なりました。

B: あ、そうですね。

A: 最近は 禁煙の ところが 多くなりましたね。

B: はい、大事な ことですね。

제26과

1. **보기)** 朝 起きて、何を しますか。

1) 昨日は 学校へ 行って 何を しましたか。

2) 日本語の 先生は どんな 人ですか。

3) ソウルは どんな ところですか。

4) あなたの 家から 学校まで どうやって 行きますか。

2. **보기)** A：いらっしゃいませ。

B：あのう、テーブルが ほしいですけど。

A: そうですか。これは どうですか。ちょっと 高いですが、丈夫です。

B: それより 安いものは ありませんか。

＊ 女の人は 安い テーブルが ほしいです。

1) A: 田中さん、夏休みに 何を しますか。
B: そうですね。海へ 行きたいですね。
A: 海へ 行って 何を したいですか。
B: 船に 乗って、つりを したいです。吉田さん、いっしょに行きませんか。
A: すみません。海は ちょっと。

＊ 二人は 夏休みに 海へ 行って つりを します。

2) A: キムさん、週末は 何を しますか。
B: だいたい 家で 休みます。
A: そうですか。掃除も しますか。
B: いいえ、私は 毎日 掃除を しますから、週末は しません。音楽を 聞いて 本を 読みます。

＊ キムさんは 週末 部屋の 掃除と 洗濯を します。

3) A: 林さんは どんな タイプの 人が 好きですか。
B: そうですね。優しい 人が 好きです。それから かわいい 人も 好きです。
A: 私と 同じですね。私は きれいな 人より かわいい 人の ほうが 好きです。

＊ 林さんは 優しくて かわいい 人が 好きです。

3. 私は 昨日 友達と プサンへ 行きました。私たちは 7時に ソウル駅で 会って KTXに 乗りました。プサンまでは 2時間半 かかりました。プサン駅に ついて、駅の 食堂で ご飯を 食べました。それから バスに 乗って 海へ 行きました。海は 人が 多かったです。私たちは 海で 泳いで 楽しく 遊びました。写真も たくさん 撮りました。昼は とても 暑かったですから 近くの 喫茶店へ 行って「かき氷」を 食べて そこで 少し 休みました。私たちは 6時まで プサンに いて、7時の KTXで ソウルに 帰りました。少し 疲れましたが、本当に 楽しい 1日でした。

▶듣기연습 정답

제14과

1. 보기) ① 1) ② 2) ③ 3) ② 4) ③

2. 보기) ① - ② - ③ 1) ② - ③ - ① 2) ③ - ② - ① 3) ① - ② - ③

3.

	韓国人		日本人	
보기 食べ物	**肉**	魚	肉	**魚**
飲み物	**ワイン**	ビール	ワイン	**ビール**
スポーツ	野球	**サッカー**	**野球**	サッカー
朝ごはん	**ご飯**	パン	ご飯	**パン**
デザート	紅茶	**コーヒー**	**紅茶**	コーヒー

제16과

1. 보기) ① 1) ③ 2) ① 3) ② 4) ②

2. 보기) よかったです

 1) 楽(たの)しく　なかったです。　2) きれいじゃ　ありませんでした

 3) 便利(べんり)でした・高かったです　4) おいしかったです

3. 보기) × 1) ○ 2) × 3) × 4) ○ 5) ×

제18과

1. 보기) ① 1) ① 2) ② 3) ① 4) ②

2. 보기) 昨日、サインを　もらいに、　渋谷에 동그라미

 1) 今 / 図書館 / 本を　返し　2) 来月 / カナダ / スケートの　練習

 3) 夕べ / 空港 / 母を　迎え

3. 1)キムチ / さしあげました　2) くつ / あげました

 3)シャーペン / もらいました　4) ネクタイ / あげました

제20과

1. 보기) ② 1) ① 2) ① 3) ② 4) ②

2. 보기) ③ 1) ② 2) ① 3) ②

3. 1) × 2) × 3) × 4) ○

제22과

1. 1) 보기) 映画を　見たいです。등　2) 보기) 彼氏と　行きたいです。등
   3) 보기) ワインが　飲みたいです。등　4) 보기) 강호동に　会いたいです。등

2. 보기) ○ 1) × 2) × 3) ○

3. 1) （1）
   2) 번데기 (15)명 순대 (10)명 떡볶이 (2)명 묵 (2)명

제24과

1. 1) 보기) 映画を　見る　ことです。등
   2) 보기) 先生に　なりたいです。등
   3) 보기) はい、ご飯を　食べながら　テレビを　見ます。등
   4) 보기) コーラを　飲みます。등

2. 보기) ○ 1) × 2) × 3) ○

3. 1) ○ 2) ○ 3) × 4) ○

제26과

1. 1) 보기) 図書館へ　行って、本を　読みました。등
   2) 보기) やさしくて　親切な　人です。등
   3) 보기) 食べ物が　安くて　おいしい　ところです。등
   4) 보기) 電車で　行きます。등

2. 보기) ○ 1) × 2) × 3) ○

3. 6 - 2 - 4 - 1 - 3 - 5

▶숫자 읽기

1	2	3	4	5	6	7	8	9
いち 一	に 二	さん 三	し　よん 四　四	ご 五	ろく 六	しち　なな 七　七	はち 八	く　きゅう 九　九
10	20	30	40	50	60	70	80	90
じゅう 十	に じゅう 二十	さんじゅう 三十	よんじゅう 四十	ご じゅう 五十	ろくじゅう 六十	ななじゅう 七十	はちじゅう 八十	きゅうじゅう 九十
100	200	300	400	500	600	700	800	900
ひゃく 百	に ひゃく 二百	さんびゃく 三百	よんひゃく 四百	ご ひゃく 五百	ろっぴゃく 六百	ななひゃく 七百	はっぴゃく 八百	きゅうひゃく 九百
1,000	2,000	3,000	4,000	5,000	6,000	7,000	8,000	9,000
せん 千	に せん 二千	さんぜん 三千	よんせん 四千	ご せん 五千	ろくせん 六千	ななせん 七千	はっせん 八千	きゅうせん 九千
10,000	100,000	1,000,000	10,000,000	100,000,000				
いちまん 一万	じゅうまん 十万	ひゃくまん 百万	いっせんまん 一千万	いちおく 一億				

▶조수사 읽기

	1	2	3	4	5	6	7	8	9	10	?
작은 물건	ひと 一つ	ふた 二つ	みっ 三つ	よっ 四つ	いつ 五つ	むっ 六つ	なな 七つ	やっ 八つ	ここの 九つ	とお 十	いくつ
사람	ひとり 一人	ふたり 二人	さんにん 三人	よ にん 四人	ご にん 五人	ろくにん 六人	ななにん 七人	はちにん 八人	きゅうにん 九人	じゅうにん 十人	なんにん 何人
나이	いっさい 一才	に さい 二才	さんさい 三才	よんさい 四才	ご さい 五才	ろくさい 六才	ななさい 七才	はっさい 八才	きゅうさい 九才	じ(ゅ)っさい 十才	なんさい 何才
컵 그릇	いっぱい 一杯	に はい 二杯	さんばい 三杯	よんはい 四杯	ご はい 五杯	ろっぱい 六杯	ななはい 七杯	はっぱい 八杯	きゅうはい 九杯	じ(ゅ)っぱい 十杯	なんばい 何杯
자동차 기계	いちだい 一台	に だい 二台	さんだい 三台	よんだい 四台	ご だい 五台	ろくだい 六台	ななだい 七台	はちだい 八台	きゅうだい 九台	じゅうだい 十台	なんだい 何台
신는 것 구두, 양말	いっそく 一足	に そく 二足	さんぞく 三足	よんそく 四足	ご そく 五足	ろくそく 六足	ななそく 七足	はっそく 八足	きゅうそく 九足	じ(ゅ)っそく 十足	なんぞく 何足
긴 물건	いっぽん 一本	に ほん 二本	さんぼん 三本	よんほん 四本	ご ほん 五本	ろっぽん 六本	ななほん 七本	はっぽん 八本	きゅうほん 九本	じ(ゅ)っぽん 十本	なんぼん 何本
얇은 물건	いちまい 一枚	に まい 二枚	さんまい 三枚	よんまい 四枚	ご まい 五枚	ろくまい 六枚	ななまい 七枚	はちまい 八枚	きゅうまい 九枚	じゅうまい 十枚	なんまい 何枚
~개	いっ こ 一個	に こ 二個	さん こ 三個	よん こ 四個	ご こ 五個	ろっ こ 六個	なな こ 七個	はっ こ 八個	きゅう こ 九個	じっ こ 十個	なん こ 何個
~층	いっかい 一階	に かい 二階	さんがい 三階	よんかい 四階	ご かい 五階	ろっかい 六階	ななかい 七階	はっかい 八階	きゅうかい 九階	じゅっかい 十階	なんがい 何階
~마리	いっぴき 一匹	に ひき 二匹	さんびき 三匹	よんひき 四匹	ご ひき 五匹	ろっぴき 六匹	ななひき 七匹	はっぴき 八匹	きゅうひき 九匹	じゅっぴき 十匹	なんびき 何匹

▶시간 말하기

時	1	2	3	4	5	6	7
	いちじ	にじ	さんじ	よじ	ごじ	ろくじ	しちじ
	8	9	10	11	12	?	
	はちじ	くじ	じゅうじ	じゅういちじ	じゅうにじ	なんじ	
分	1	2	3	4	5	6	7
	いっぷん	にふん	さんぷん	よんぷん	ごふん	ろっぷん	ななふん
	8	9	10	20	30	?	
	はっぷん	きゅうふん	じ(ゅ)っぷん	にじ(ゅ)っぷん	さんじ(ゅ)っぷん	なんぷん	

▶월(月) 말하기

月	1	2	3	4	5	6	7
	いちがつ	にがつ	さんがつ	しがつ	ごがつ	ろくがつ	しちがつ
	8	9	10	11	12	?	
	はちがつ	くがつ	じゅうがつ	じゅういちがつ	じゅうにがつ	なんがつ	

▶요일(曜日), 날짜 말하기

日曜日(にちようび)	月曜日(げつようび)	火曜日(かようび)	水曜日(すいようび)	木曜日(もくようび)	金曜日(きんようび)	土曜日(どようび)
	1日 ついたち	2日 ふつか	3日 みっか	4日 よっか	5日 いつか	6日 むいか
7日 なのか	8日 ようか	9日 ここのか	10日 とおか	11日 じゅういちにち	12日 じゅうににち	13日 じゅうさんにち
14日 じゅうよっか	15日 じゅうごにち	16日 じゅうろくにち	17日 じゅうしちにち	18日 じゅうはちにち	19日 じゅうくにち	20日 はつか
21日 にじゅういちにち	22日 にじゅうににち	23日 にじゅうさんにち	24日 にじゅうよっか	25日 にじゅうごにち	26日 にじゅうろくにち	27日 にじゅうしちにち
28日 にじゅうはちにち	29日 にじゅうくにち	30日 さんじゅうにち	31日 さんじゅういちにち			何日 なんにち

▶시간을 나타내는 표현

おととい 그저께	昨日(きのう) 어제	今日(きょう) 오늘	明日(あした) 내일	あさって 모레
先々週(せんせんしゅう) 지지난주	先週(せんしゅう) 지난주	今週(こんしゅう) 이번주	来週(らいしゅう) 다음주	再来週(さらいしゅう) 다다음주
先々月(せんせんげつ) 지지난달	先月(せんげつ) 지난달	今月(こんげつ) 이번달	来月(らいげつ) 다음달	再来月(さらいげつ) 다다음달
おととし 재작년	昨年(さくねん)、去年(きょねん) 작년	今年(ことし) 올해	来年(らいねん) 내년	再来年(さらいねん) 내후년

▶イ형용사의 활용 연습

기본형	정중형	부정형	과거형	연결형
	정중형 + です	くありません (くないです)	어간 + かったです	어간 + く + て
大きい 크다	大きいです	大きくありません 大きくないです	大きかったです	大きくて
いい 좋다	いいです	よくありません よくないです	よかったです よかったです	よくて
おもしろい 재미있다				
甘い 달다				
痛い 아프다				
高い 비싸다				
近い 가깝다				
新しい 새롭다				

▶ナ형용사의 활용 연습

기본형	정중형	부정형	과거형	연결형	명사수식형
	어간 + です	じゃありません (じゃないです)	어간 + でした	어간 + で	어간 + な
上手だ 잘하다	上手です	上手じゃありません 上手じゃないです	上手でした	上手で	上手な
好きだ 좋다					
簡単だ 간단하다					
ひまだ 한가하다					
便利だ 편리하다					
きれいだ 예쁘다					
ハンサムだ 핸섬하다					
同じだ 같다					

▶동사 활용 연습

기본형	그룹	ます 현재 (~ㅂ니다)	ません 부정	ました 과거	ませんでした (과거부정)	て형 (~하고, ~서)
言う 말하다	1	言います	言いません	言いました	言いません でした	言って
死ぬ 죽다						
寝る 자다						
入る 들어오다						
する 하다						
着る 입다						
書く 쓰다						
待つ 기다리다						
行く 가다						
食べる 먹다						
知る 알다						

기본형	그룹	ます 현재 (~ㅂ니다)	ません 부정	ました 과거	ませんでした (과거부정)	て형 (~하고, ~서)
走る 달리다						
切る 자르다						
来る 오다						
帰る 돌아가다						
話す 이야기하다						
泳ぐ 수영하다						
飛ぶ 날다						
読む 읽다						
勉強する 공부하다						
飲む 마시다						
分かる 알다						
出る 나오다						
教える 가르치다						

▶색인

단어/표현	한자표기	의미	페이지
いっしゅうかん	1週間	일주일	100
いっしょに	一緒に	함께	58
いる		(사람, 동물) 있다	79
いろんな		여러가지	79
インド		인도, 인디아	79
えいが	映画	영화	58
えいぎょうじかん	営業時間	영업시간	13
ええと		저어	79
F(エフ)		F(성적등급)	129
～えん	円	엔	84
えんぎ	演技	연기	59
おいしい		맛있다	35
おおい	多い	많다	122
おおきい	大きい	크다	142
おきまりでしょうか	お決まりでしょうか	정하셨습니까	106
おこのみやき	お好み焼き	오코노미야키	79
おごり		한턱 냄	64
(たんいを) おとす	(単位を) 落とす	학점을 따지 못하다	129
おどり (おどる)	踊り (踊る)	춤(춤추다)	149
おねがいします	お願いします	부탁합니다	85
おまたせいたしました	お待たせいたしました	오래 기다리셨습니다	106
おみやげ	お土産	선물	35
おもしろい	面白い	재미있다	58
おわる	終わる	끝나다	148

か

かう	買う	사다	12
がくしょく	学食	학생식당	122

단어/표현	한자표기	의미	페이지
かしこまりました		알겠습니다	106
がっしゅく	合宿	합숙	128
かのう	可能	가능	101
カムジャタン		감자탕	64
かもく	科目	과목	129
～から		～으로(부터), ～에게	59
から(理由)		～(이)니까, ～(이)므로	42
からい		맵다	64
かるい	軽い	가볍다	42
カレー		카레	79
かわいい		귀엽다, 사랑스럽다	12
かんじ	漢字	한자	149
ぎおんまつり	祇園祭	기온마쓰리	143
きく	聞く	묻다	18
きて　ください	来て　ください	와 주세요	100
きのう	昨日	어제	18
きぼう	希望	희망	21
キャンパス		캠퍼스	122
きゅうしゅう	九州	규슈(지명)	85
きゅうりょうび	給料日	월급일	107
きょう	今日	오늘	19
きょうと	京都	교토(지명)	143
きょねん	去年	작년	142
(かもく)を　きる	(科目を)　切る	(과목을) 중도 포기하다	129
きれいだ		예쁘다, 아름답다	142
きんえん	禁煙	금연	123
きんき(ちほう)	近畿(地方)	긴키(지방)(지명)	85
～(を)　ください		～(을/를) 주십시오	43
クッキー		쿠키	35

단어/표현	한자표기	의미	페이지
ぐらい		정도	100
くる	来る	오다	18
けいかく	計画	계획	148
けいかくを　たてる	計画を　立てる	계획을 세우다	148
ケータイ		휴대전화	12
けしょうひん	化粧品	화장품	42
けっこう		꽤, 제법	43
～けど		～이지만, ～하지만	35
～こ		～개	84
コーヒー		커피	142
ごうコン	合コン	단체 미팅	19
こうしゅうかい	講習会	강습회	18
ごぜん	午前	오전	18
ごちゅうもん	ご注文	주문	106
こっち		이쪽, 여기	35
ころ	頃	경	149
コンサート		콘서트	58
さ			
サムゲタン		삼계탕	64
さんかする	参加する	참가하다	149
じかん	時間	시간	18
しごと	仕事	일	148
じつは	実は	실은, 사실은	59
しぶや	渋谷	시부야(지명)	19
しゃしん	写真	사진	149
じゅぎょう	授業	수업	100
しゅやく	主役	주역	59

단어/표현	한자표기	의미	페이지
しょうしょうおまち くださいませ	少々お待ち くださいませ	잠시 기다려 주시기 바랍니다	106
じょうずだ	上手だ	잘하다, 능숙하다	58
しんじゅく	新宿	신주쿠(지명)	13
しんぱいだ	心配だ	걱정이다	129
すう	吸う	(숨 등을)쉬다, (담배 등을)피다	122
すきだ	好きだ	좋아하다	12
スケジュール		스케줄	101
スケジュールかんり	スケジュール管理	스케줄 관리	19
すごく		대단히, 무척	59
すこし	少し	조금	100
ストラップ		스트랩	13
ストレス		스트레스	149
すみません		죄송합니다	84
せいせき	成績	성적	129
ぜひ		꼭, 반드시	58
せんじつ	先日	일전	65
せんだい	仙台	센다이(지명)	148
せんぱい	先輩	선배	19
ぜんぶ	全部	전부	84
それから		그리고, 그러고 나서	142
それに		게다가	42

た

단어/표현	한자표기	의미	페이지
だいがく	大学	대학교	100
だいじょうぶだ	大丈夫だ	괜찮다	58
だいすきだ	大好きだ	아주 좋아하다	42
たくさん		많은, 많이	79
たこやき	たこ焼き	타코야키	84

단어/표현	한자표기	의미	페이지
とうろく	登録	등록	129
とちゅう	途中	도중	129
どちら		어느 쪽, 어디	35
とても		매우, 대단히	58
となり	隣	옆	79
ともだち		친구	58
とりあえず		일단	106
(たんい)を　とる	(単位)を　取る	(학점을) 따다	129
トルコ		터키	79
どんな		어떤	128
な			
なか	中	안	85
なかなか		꽤, 상당히	58
なつまつり	夏祭り	여름 축제	148
なつやすみ	夏休み	여름방학	148
なにか	何か	무언가	100
なににする	何にする	무엇으로 하다	106
なま＝なまビール	生＝生ビール	생맥주	106
なまキャラメル	生キャラメル	생캐러멜	35
なる		되다	122
なんか		뭔가	64
なんだか		왠지	128
なんにち	何日	몇일	100
にがつ	2月	2월	100
～に		～으로(부터) / ～에게	59
にぎやかだ		번화하다	142
にくじゃが	肉じゃが	소고기나 돼지고기와 감자, 양파 등을 넣고 간장, 설탕 등으로 조린 요리	106
にし	西	서, 서쪽	85

단어/표현	한자표기	의미	페이지
やっぱり		역시, 과연	79
やまほこ	山鉾	산 모양의 장식대 위에 창 · 칼 등을 꽂은 가마	143
やめる		그만두다	129
ゆうめいだ	有名だ	유명하다	79
ゆかた	浴衣	유카타	45
よく		잘, 자주	65
よっか	４日	4일	100
～より		～보다	44
よる	夜	밤	128
よろしく		잘 (부탁합니다)	85

ら、わ、を

단어/표현	한자표기	의미	페이지
ラーメン		라면	35
らいげつ	来月	다음 달	58
らいしゅう	来週	다음 주	18
りょう	寮	기숙사	122
(お)れい	(お)礼	사례	65
わかる		알다	149
わるい	悪い	나쁘다	65

● 저자소개 ●

김옥임 (金玉任)
츠쿠바(筑波)대학 대학원 문예 언어 연구과 석사과정 졸업
츠쿠바(筑波)대학 대학원 문예 언어 연구과 박사과정 졸업 (언어학 박사)
현) 성신여자대학교 일어일문학과 교수
현) 한국일본어학회 회장
저서: 『일본인들은 쉬운 경어로 말한다』 (2008, 피오디월드)

류경자(柳京子)
츠쿠바(筑波)대학 대학원 일어교육연구과 졸업
츠쿠바(筑波)대학 대학원 인문교육학연구과 졸업(교육학박사)
현) 상명대학교 어문대학 일본어문학과 교수
저서: 『入門音声学』 (2000, J&C)

조주희(趙柱喜)
성신여자대학교 대학원 일어일문학과 졸업
한국외국어대학교 대학원 박사과정 졸업(문학박사)
현) 서경대학교 일어학과 겸임교수
저서 : 『무라카미 하루키(村上春樹) 문학 연구』 (2010, 제이앤씨)

김영숙(金英淑)
츠쿠바(筑波)대학 대학원 문예 언어 연구과 석사과정 졸업
츠쿠바(筑波)대학 대학원 문예 언어 연구과 박사과정 졸업 (언어학 박사)
현) 성신여자대학교 인문과학연구소 연구원

츠츠이 아키히로(筒井 昭博)
동경대학교 문학부 국어국문학과 졸업
미국 University of Massachusetts, Amherst Department of Asian Languages and Literatures
석사과정 졸업
현)한국외국어대학교 통번역대학 일본어통번역학과 조교수

데루야마 노리모토(照山 法元)
도시샤(同志社)대학 문학부 졸업
와세다(早稲田)대학 대학원 일본어교육연구과 졸업
현) 한국외국어대학교 일본어대학 전임강사

이시이 나오미(石井 奈保美)
동경외국어대학 졸업
츠쿠바(筑波)대학 대학원 석사과정 졸업
한국외국어대학교 일어일문학과 박사과정 졸업(언어학 박사)
현) 동덕여자대학교 일본어과 전임강사

재미있고 즐겁게 일본어를 하다보면, 회화실력이 쑥쑥!

오모시로이 일본어 2

초판발행	2011년 8월 30일
1판 3쇄	2022년 10월 20일
저자	한국일본어학회
책임 편집	조은형, 무라야마 토시오, 김성은, 손영은
펴낸이	엄태상
콘텐츠 제작	김선웅, 장형진
마케팅	이승욱, 왕성석, 노원준, 조성민, 이선민
경영기획	조성근, 최성훈, 정다운, 김다미, 최수진, 오희연
물류	정종진, 윤덕현, 신승진, 구윤주
펴낸곳	시사일본어사(시사북스)
주소	서울시 종로구 자하문로 300 시사빌딩
주문 및 교재 문의	1588-1582
팩스	0502-989-9592
홈페이지	www.sisabooks.com
이메일	book_japanese@sisadream.com
등록일자	1977년 12월 24일
등록번호	제 300 - 2014 - 92호

ISBN 978-89-402-9082-8 18730
978-89-402-9081-1 18730 (set)